Hans-Jochen Gamm

Lernen mit Comenius

Rückrufe aus den geschichtlichen Anfängen
europäischer Pädagogik

PETER LANG

Frankfurt am Main · Berlin · Bern · Bruxelles · New York · Oxford · Wien

Bibliografische Information der Deutschen Nationalbibliothek
Die Deutsche Nationalbibliothek verzeichnet diese Publikation in
der Deutschen Nationalbibliografie; detaillierte bibliografische
Daten sind im Internet über <http://www.d-nb.de> abrufbar.

Umschlaggestaltung:
Olaf Glöckler

Gedruckt auf alterungsbeständigem,
säurefreiem Papier.

ISBN 978-3-631-57033-3
© Peter Lang GmbH
Internationaler Verlag der Wissenschaften
Frankfurt am Main 2008
Alle Rechte vorbehalten.

Printed in Germany 1 2 3 4 5   7

www.peterlang.de

Gewidmet den Studierenden der Universität Rostock, deren Kommilitone ich vom Wintersemester 1949/50 bis zum Sommersemester 1951 war. Nach dem Zusammenschluss der beiden deutschen Staaten 1990 bot sich die Möglichkeit, als Gastprofessor in Rostock tätig zu werden, Diskurse mit einer neuen studentischen Generation aufzunehmen und über die pädagogischen Lehrveranstaltungen hinaus an der Pflege der niederdeutschen Sprache in meiner mecklenburgischen Heimat mitzuwirken.

Inhaltsverzeichnis

Vorwort

Zum Charakter dieses pädagogischen Vorhabens über Comenius läßt sich folgendes sagen: Es fällt unter keines der gebräuchlichen Forschungsmuster; versucht wird die gedankliche Zusammenführung zweier Epochen unserer europäischen Bildungsgeschichte, die einander in ihren Merkmalen ähneln: beide stehen sie unter *Sinnentzug* des bis in ihre jeweilige Zeit tragenden weltanschaulichen Gerüsts. Für das erste Beispiel war es der Glaube an den gütigen Vatergott, der seiner Menschheit Rettung aus den Widrigkeiten ihres Daseins verhieß. Die vorausgegangene Spaltung der christlich-abendländischen Glaubensgemeinschaft in zwei einander mißachtende Konfessionen und nachfolgende ideologische Machtblöcke aber erzeugte eine perverse Wirklichkeit: Im Dreißigjährigen Krieg fochten katholische gegen evangelische Landsknechte, die Deutschland verwüsteten, unzählige Menschen abschlachteten und das gemeinsam verehrte Heilige besudelten. In jenen schier endlosen Bedrängnissen hing alles von der Verläßlichkeit des Glaubens an Gottes Güte ab, um *Sinn* zu bewahren.

Unsere Epoche steht mit anderen Vorzeichen im Schwundprozeß von Glauben: Es handelt sich um die Durchsetzbarkeit globaler Vernunft, die in der Aufklärung lichtvoll und ermutigend begonnen hatte, im Kolonialzeitalter und dem begleitenden kapitalistischen Wirtschaftsprinzip vielfach in Resignation oder Zynismus umschlug und dem Profitgesetz nicht entkommt. Übrig blieb weithin agnostische Weltbetrachtung.

Der nachfolgende Versuch ist nicht als Prognose angelegt, mit Hilfe welcher didaktischer Maßnahmen und organisatorischer Einzelschritte zügiges Vorankommen von Frieden, Gerechtigkeit und allgemeiner Wohlfahrt erwartbar seien. Bei der Nachlese des comenianischen Seelsorgetyps aber läßt sich die Bestärkung von Menschen vorstellen, die den Impuls der Liebe aus der Zuwendung heraushören und sich dem Aufruf zur Barmherzigkeit anschließen.

Damit könnte heute universal bedrohte Existenz überhaupt erst faßlich geraten und der vielleicht erstmalig von Glaubenskräften angerührte Mensch seine Wahrnehmung erweitern. Das hieße auch, sich von der Mitverantwortung für das Ganze nicht auszunehmen; das kann sich zum Umgang erweitern. Die pädagogische Grundfrage bleibt nämlich, ob es gelingt, auch weitere Generationen dafür zu erschließen, Vernunft und Beharrlichkeit der Nachwachsenden aufzurufen, sich unter Selbstverfügung zu wissen, keinem Verhängnis ausgeliefert zu sein.

Kapitel I: Kriegswirren und Einhalt. Friedensversuche in Böhmen

Pädagogik faßt das Leben als Lehrgegenstand und versucht, dessen Ereignisse als Sinnzusammenhänge zu organisieren. Unter diesem Anspruch nämlich hat der tschechische Protestant, Schulgründer und lebenslang Vertriebene Johann Amos Comenius (1592-1670) seine Jahre zugebracht. Die Daten zeigen, daß in jenes Leben der grausamste europäische Krieg fällt, den wir den Dreißigjährigen nennen (1618-1648) und dessen Schlachtfeld vor allem Deutschland bot, während in den Nachbarländern Holland, Frankreich und England Kultur und Wissenschaft aufblühten, das Bürgertum gegenüber der Feudalherrschaft seine Autonomie zu erstreiten vermochte und bald auch durch revolutionäre Akte absicherte. Die Mitte Europas aber blieb jahrzehntelang verwüstet, etwa 20 Millionen Menschen kamen um. Meist wird von einem Glaubenskrieg gesprochen oder auch von konfessioneller Auseinandersetzung zwischen Katholizismus und Protestantismus. Es handelte sich aber eher um den Versuch, die politische Hegemonie in Europa mit weltanschaulichen Akzenten dauerhaft zu verknüpfen. Es stand nämlich das übergreifende römische Papsttum im Bunde mit dem Habsburgischen Kaiserhaus in Wien gegen die Auffassung eines Christentums des freien Bibelverständnisses. Damit kündigte sich die europäische Neuzeit an, in der wirtschaftliche Perspektiven mit der dogmatischen Entpflichtung der Wissenschaft vorankamen. Das Entwurfsstadium eines ungebundenen Menschen zeigte sich an. Wüst und erbittert aber ging es auf den Schlachtfeldern mit angeworbenen Söldnern zu, die ohne militärische Zucht und unter wechselnden Kommandoverhältnissen hinschlachteten, plünderten und schändeten; keine mögliche Grausamkeit blieb auszuschließen.

Mit diesen Ereignissen sowie mit dem vorhergegangenen großen deutschen *Bauernkrieg* (1524/25) sind zudem schwere Enttäuschungen und Verwirrungen in unsere Geschichte geraten, die den späteren Nationalismus förderten und im 20. Jahrhundert zwei Weltkriege von deutschem Boden ausgehen ließen.

Unter solchen wahrlich verzweifelten Verhältnissen von Schule, Unterricht oder Bildung zu sprechen, mag verwunderlich dünken, denn zwischenmenschliches Chaos gilt gemeinhin als Gegensatz zu jeder Lernkultur. Doch der hier eingeführte Begriff *Vorschule* ist mit der Lebensgeschichte eines Menschen verknüpft. Folglich muß kurz die Herkunft von Comenius erinnert werden. Als er 1592 in Nivnice, dem östlichen Mähren, geboren wurde, gehörte dieses Gebiet zu Österreich und meint das heutige Tschechien. Damals war es von Deutschen wie Tschechen gleichermaßen besiedelt. Comenius (= Jan Komenský) gehörte der tschechischen Volksgruppe an und latinisierte seinen Namen lediglich, um als Schulgründer, Berater und Lehrer in der damaligen europäischen Welt verstanden zu werden. Das vermochte die internationale lateinische Kirchen- und Gelehrtensprache; im übrigen aber hat er die tschechische Geburtssprache durch seine Schriften gefördert und gehört zu deren Klassikern. Er entstammte armen Verhältnissen. Die Eltern starben früh, so daß er bei Verwandten erzogen wurde und unter Vormundschaft stand. Erst mit sechzehn Jahren kam er auf eine Lateinschule in Prerau (= Prerov). Nach deren Abschluß begann er das Studium der Philosophie und Theologie an der Universität Herborn, die im Geiste des Genfer Reformators Calvin angelegt war; die Studien beendete er in Heidelberg und empfing in beiden Bildungsstätten Anregungen zu einer *Friedenstheologie*. Während der nächsten Jahre war er Lehrer und Rektor an der Lateinschule von Prerau, dazwischen wurde er zum Priester der Brüdergemeinde ordiniert. Fortan diente er als Lehrer und Seelsorger in Böhmen und Mähren. Die Hoffnung der Brüdergemeinde, als Konfession geduldet zu werden und freie Religionsausübung zu genießen, erfüllte sich

12

nicht. Nachdem der böhmische Aufstand (1618-1621) erfolglos blieb, wurde den Protestanten von den katholischen Habsburger Herrschern das religiöse Heimatrecht aufgekündigt; sie mußten außer Landes gehen. Comenius hatte inzwischen geheiratet, bald darauf aber starben seine Frau und die beiden Kinder an einer Seuche.

Damit wurde seine Lebensgeschichte vorbestimmt. Er, der selbst viel Leid erfuhr, hatte die Mitglieder seiner Gemeinde fortan in der Diaspora zu leiten und zu stärken, in der Glaubensgewißheit zu festigen. Es bedurfte der sprachlichen Kunst dieses biblischen Auslegers und aktiven Seelsorgers, sich nach dem Vorbild des wandernden Volkes Israel in der Wüste zu verhalten. So entstanden seine *Trostschriften*, von denen die bekannteste unter dem Titel „Das Labyrinth der Welt und das Paradies des Herzens" 1623 erschien. Die darin enthaltene Schilderung der organisierten Irrtümer läßt sich in manchen Zügen mit dem Verblendungsbegriff der späteren Kritischen Theorie verknüpfen, nur daß bei Comenius das Heilsangebot an Jesus gebunden war und daraus die Annahme der Pilgerschaft auf Erden folgte (vgl. Kapitel VII).

1624 ging der verwitwete Comenius eine zweite Ehe ein. In den Wirren des Dreißigjährigen Krieges kam auch diese Frau mit den Kindern um, und zudem erlebte er, daß seine böhmische Brüdergemeinde, deren letzter Bischof er wurde, kein Bleiberecht erhielt und sich zerstreuen mußte. Für eine gesicherte Heimstätte hatte er überall geworben. Nun wurde Comenius wahrhaft zum Wanderlehrer des freien Evangeliums, das sich der katholischen Gegenreformation nicht beugte. Im nördlichen Europa war er unterwegs, zunehmend wurde er für die Organisation des Schulwesens als Ratgeber auch von protestantischen Regierungen herangezogen. Die Reformvorschläge aber gewannen in den Wirren der Kriegszeit keine Stetigkeit, zumal im Westfälischen Frieden von Münster und Osnabrück 1648 die Brüdergemeinde als selbständige Kirche nicht anerkannt wurde und in den protestantischen Gemeinden aufgehen mußte. Comenius fand ein letztes Refugium in Holland und starb 1670 in Amsterdam. In den späten Jahren des Exils versuchte er, seine philosophischen und pädagogischen Gedanken abzuschließen, daß der Mensch sich im Glauben an Gott als dessen Mitarbeiter zur *Instandsetzung der Welt* bewähren müsse. Daraus ist ein großes barockes Werk entstanden, worin die Allerziehung (= Pampaedia) das Mittelstück bildet. Ihr schickt Comenius die Pansophia voraus und deutet damit an, daß Pädagogik ein Ableger der Philosophie sei, nämlich deren praktische Dimension. Daraus läßt sich auch der Gedanke der bleibenden Verbundenheit mit der Philosophie ableiten als auch ein Handeln im Rahmen vorfindlicher Bedingungen zum Wohle aller Menschen. Sein frühes Lehrbuch *Orbis pictus sensualis* (= Die sinnlich gemalte Welt) war das große Sachkunde- und Sprachlehrbuch und damit das erste europäische Kinderlesebuch, weil es Sache und Bild in ein pädagogisches Verhältnis brachte. Goethe hat als Kind in Frankfurt daraus gelernt, weil sein Vater als reicher Privatmann sich der Erziehung seiner beiden Kinder widmete und die besten didaktischen Hilfsmittel seiner Epoche dazu nutzte. Goethe schildert diese Umstände seiner Lebensgeschichte in Dichtung und Wahrheit. Schließlich entstand das siebenteilige Hauptwerk mit dem weit ausholenden Titel „Allgemeine Beratung über die Verbesserung der menschlichen Angelegenheiten" (= De rerum humanarum emendatione Consultatio Catholica), die alle menschlichen Verhältnisse unter dem Gesichtspunkt der Ewigkeit zu zeigen und zurechtzurücken unternimmt.[1] Das siebenbändige Werk stellt den Versuch dar, im Sinne des Neuplatonismus den Begriff des Ganzen auf den menschlichen Geist im Universum zu beziehen, ihn als eigenständige Figur und kosmische Ordnungsmacht wirken zu lassen und ihn als Krone der Schöpfung wahrzunehmen. Griechische Philosophie und christliche Offenbarung treten damit in eine spezifische Fusion, aus der die Organisationsformen von Schule ableitbar werden. Die Methode war darauf angelegt, keinen der einzelnen Erkenntnisschritte zur Separation abgeleiten zu lassen, sondern in der Festigung des Verhältnisses von Wissen und Identität jeden einzelnen in die Teilhaberschaft für das Ganze eintreten zu lassen.

Die griechische Vorsilbe Pan- bei den sieben von Comenius aufgeführten Büchern bedeutet keine simple additive Vorsilbe. In ihnen geht es vielmehr um das exemplarische Geheimnis in jedem Wort, das als Ganzheit eben das Vollkommene des bezeichneten Gegenstandes meint. Die Benennung der sieben Bereiche umfaßt das Ganze der wißbaren als geoffenbarter Welt und ist für den gläubigen Christen Comenius der Fingerzeig Gottes, der fordert, das Ganze des menschlichen Lebens als heilsame Ordnung auszuformen. Das meint als Pampaedia eine Lerngeschichte vom vorgeburtlichen Leben bis zum Tode. Das Flüchtige des menschlichen Lebens erbringt als pädagogisches Wirken den gehorsamen Dienst am Dasein. Alles ist der Menschheit insgesamt von seinen Gründen her zu erschließen, damit *alle* Einsicht in ihre wahren Umstände gewinnen, miteinander an der Instandsetzung ihrer vorfindlichen fehlerhaften Bedingungen arbeiten und die Würde des Menschen als Menschheit herstellen. Sie ist in eine Pädagogik und Philosophie der Lebensalter eingebunden, die Comenius als *Schulen* faßt, beginnt mit der Schule des vorgeburtlichen Werdens und der frühen Kindheit und führt bis zur Schule des Greisenalters und des Todes. In jedem dieser Lebensabschnitte lernt der Mensch das ihm darin Zugemessene als weitere Lektion und wird des auf früheren Stufen Gelernten erneut inne; es ist wie auf einer Serpentine mit ständig weiterer Ausschau und Rückblicken auf bewegtes Leben. Die Leitformel lautet: *Omnes, omnia, omnino*: Das Ganze soll der Menschheit als Ganzheit samt deren Ursachen erschlossen werden; damit eröffnete sich der Zusammenhang als Werk Gottes; die Schöpfung konnte sich präsentieren. Der pädagogische Auftrag ist zeitunabhängig bestimmt: Die Welt soll für den Menschen verfügbar gemacht, ihm zuerkannt werden, damit er nicht ihr Sklave, sondern ihr weiser Organisator sei; aus dem Fragmentarischen eigener Lebensnöte solle ihm das Dasein erschlossen, der Blick auf das Gattungswesen eröffnet werden. Die Situation der vertriebenen und zerstreuten Brüdergemeinde bot den sozialen Rahmen solcher Reflexion und war um so weniger verzichtbar, je dauerhafter das Exil sich anließ.

Wird der Mensch auf die Welt als seine Behausung verwiesen, gründet diese Aussage für Comenius im festen Glauben, daß unser Gestirn namens Erde den Menschen als Offerte zum vernünftigen Leben kenntlich werde. So ist die Schöpfung als Darlehen eines gnädigen Gottes aufzufassen, der sich in der Person des Galiläers Jesus von Nazareth zunächst den Juden und über sie hinaus allen Völkern offenbarte.

Diese Erkenntnis zu vermitteln, faßt Comenius als *Lehrgang* und bietet sie in dessen höchster Organisationsstufe als *Schule*. Das gesamte Leben steht für ihn unter diesem Bild, und damit weist er voraus auf eine Entwicklung der Gattung, die auf die Vielfalt ihrer verborgenen ideellen und materiellen Reichtümer selbst erst stoßen muß. Die Lehrpläne zur Aneignung jener Fülle bleiben aber nicht wechselnden Parteiinteressen unter zögerlichen Kultusbehörden anheimgestellt; für Comenius sind sie einzig aus dem Spektrum der Offenbarung abzuleiten, und so fügt sich in seinem Lebenslauf das Angriffspotential praktischer Pädagogik mit der Reflexion über die Bestimmung des Menschen zusammen: Neugier auf dessen weitere wissenschaftliche Entwicklung einschließlich der Instrumente zur Verringerung alltäglicher Mühsal und andererseits der Gewißheit einer Providentia Dei (= Vorsorge Gottes). Sie kann daher als *Vorschule praktischer Pädagogik* gesehen und für Fragen des Glaubens erschlossen werden. Für Comenius verknüpfte sich damit die Überzeugung, daß es zwar keine Sicherheit für eine humane Gesellschaft gebe, wohl aber die *Gewißheit*, daß Gott es mit seiner Schöpfung und den in ihrer Mitte stehenden reflexionsfähigen Wesen gut meine; das bedarf weiterer Erläuterung.

Gott hat auf einem kleinen Planeten innerhalb unzähliger Sonnensysteme Leben in Kraft gesetzt; es vollzog sich von den Einzellern bis zu hoch organisierten Säugetieren, zu denen der Homo sapiens der biologischen Ordnung nach rechnet. Vor vielleicht zwei Millionen Jahren hat jener rätselhafte Sprung zum *Bewußtsein* begonnen; es erlaubt und fordert ein Verhältnis zu sich selbst und zu anderen und muß fortan mit dem Wissen seiner Sterblichkeit leben. In zwei unterschiedlichen Berichten wird nach der Schöpfung aus dem Nichts, der Bändigung des Chaos („der Geist Gottes brütete über dem Urmeer" 1. Mos. 1,2) ein Menschenpaar auf die Erde gesetzt und alsbald die Erkenntnis einer grundlegenden Verfehlung eingeleitet (1. Mos. 3). Mit der Vertreibung jenes Menschenpaars aus dem behüteten Garten („Paradies") endet der unfaßliche Mythos. Arbeit und Schweiß, Übertretung und Schuld, Bosheit und Reue kennzeichnen die vergessene Spur. – In der Naturwissenschaft wird die Auffassung vertreten, vor etwa 100 000 Jahren sei die Hominisation an ihr Ende gelangt.

In keinem anderen kosmologischen Ansatz finden wir eine Schöpfung mit der Grundform der Dialogik: Immanenz und Transzendenz, Menschheit und Gottheit sind in Personhaftigkeit, wenn auch in unendlichem Abstand einander zugewandt („Adam, wo bist du?") Die hebräische Bibel (für uns das Alte Testament) und das griechische Neue Testament verweisen darauf, daß die Gottheit sich auf das Gespräch mit ihrer Kreatur einläßt, ihr sogar das Recht zum Widerspruch gewährt, ihr den Charakter des cooperator Dei (= Mitarbeiter Gottes) bestätigt. Dieser Religionstyp löst immer wieder die Frage aus, warum jenes allmächtige Wesen in einem Erdenwinkel wie der schmalen Landbrücke Palästina zwischen Afrika und Asien, wo die Heere der antiken Großmächte Ägyptens und Assur/Babylons hin- und herzogen, zeitweilige Hegemonie begründeten und Tribute einforderten, zum Träger der Offenbarung wählte? Die Frage geht weiter, warum dieses Volk nach der Eroberung Jerusalems im Jahre 70 n. Chr. durch die Römer vertrieben und in alle Welt verstreut, sich in 2000 Jahren nicht verlor; worin lag das Geheimnis seines Überlebens entgegen aller geschichtlichen Erfahrung? Vielleicht läßt sich an Friedrich II. von Preußen erinnern, der sich gern als Spötter darstellte, schlecht Deutsch sprach, aber von Voltaire seinen französischen Stil verbessern ließ. Er fragte einmal seinen Schweizer Leibarzt Zimmermann, ob dieser ihm einen schlüssigen Beweis für das Dasein Gottes nennen könne; der Mediziner soll geantwortet haben „Majestät, die Juden!"

Für Comenius ist die aus der Offenbarung strömende Kraft in der Gestalt des Jesus von Nazareth nicht als geschichtliches Subjekt bedeutungsvoll, sondern allein durch den im Glauben erfahrenen Christus. Diese Gestalt übersteigt alles sonst Bewegende; das Große und Überwältigende der Erlösung besteht einzig durch ihn. Und er wird der *Sohn Gottes* genannt; dies unterscheidet ihn von den beiden anderen monotheistischen Offenbarungsreligionen Judentum wie Islam. Im Judentum ist der Messias als Erlöser eine verheißene Figur, die ausersehen wurde, in Jerusalem (= Zion) alle Völker um sich zu sammeln und das Friedenszeitalter einzuleiten. Im Islam wäre ein „Sohn Gottes" eine Blasphemie, denn Gott hat keinen Sohn. Diese Differenz zwischen den verwandten Religionen macht deutlich, daß mit den Berichten der Evangelien eine Wahrnehmung eröffnet wird, die ihresgleichen in der Geschichte unserer Gattung nicht findet. Ernstlich überlegt würde es heißen, daß niemand an dieser Gestalt unentschieden vorüberkommt. Ihre weltgeschichtliche Einmaligkeit erzwingt ein Für oder Wider, sonst bliebe wohl nur das Urteil der Ignoranz. In biblischer Sprache lautet es: „Weil du aber lau bist, und weder kalt noch warm, werde ich dich ausspeien aus meinem Munde" (Offb. 3, 16). Für weitere Verwirrung in Hinsicht auf Jesus von Nazareth sorgt gegenüber dem modernen naturwissenschaftlich gebildeten, durch Jahrhunderte von Aufklärung belichteten Menschen das mythologische Rankenwerk der Herkunft von Geburt und Tod sowie die nachfolgende dogmatische Fixierung. Dieses geronnene System, im liturgischen Duktus des Kirchenjahrs immerfort gottesdienstlich zurückgespielt, läßt sich leicht als Zumutung für den menschlichen Verstand verwerfen, denn auf Absurditäten brauche man keine Denkkraft zu verschwenden, aber gerade das hat wohl einen der theologischen Sinnstifter des Christentums, den Kirchenvater *Tertullian,* dazu bewogen, folgende Einsicht zu formulieren: Credo quia absurdum, ich glaube, *weil* es absurd ist.

Mit dem Leben des rätselhaften Mannes aus dem antiken Palästina verbindet sich zuletzt aber erst recht harte Zumutung, daß er mit seiner Hinrichtung durch die römische Besatzungsmacht (juristisch gesehen zudem ein Justizmord) die *Erlösung* für alle Menschen bewirkt habe, sofern diese bereit seien, ein solches Ereignis auf sich zu beziehen, es sich zurechnen zu lassen. Der Vorgang steckt aber in einem noch weiteren komplizierten Knäuel: durch den Ungehorsam des ersten Menschenpaares sei ein ontologischer Riß entstanden; aus der integren Schöpfung mit dem Ungehorsam der Menschen das Böse in die Welt gekommen. In komplizierten philosophisch-theologischen Gedankengängen wurde über Jahrhunderte die Frage diskutiert, wie man eine Entlastung Gottes wegen der Übel in der Welt, die er zulasse, aber nicht wolle, begründen könne? Die Unterstellung menschlicher Willensfreiheit war damit verbunden. Jene Versuche einer Rechtfertigung Gottes wurden von Leibniz im Begriff der *Thodizee* gefaßt. Da die Schöpfung durch den mit Freiheit ausgestatteten Menschen jenen unheilvollen Bruch empfing, dürfte Gott sein Werk zurückrufen, neue Anfänge einleiten und das Geschenk des freiheitlichen Seins aussetzen. Solche Entscheidungen sind als möglich in die prophetischen Aussagen vom Töpfer enthalten: (Jer. 18, 1-6); Gott aber bindet sich aus Barmherzigkeit weiter an sein Werk. Darum muß er die gebotene Gerechtigkeit durch zuvorkommende Liebe kompensieren. Seinem eigenen Sohn legt er das Sühnopfer auf, er trägt die Verfehlungen aller Menschen und tilgt sie durch seinen Tod am Kreuz. Damit ist die Welt entsühnt, niemand verbleibt im kollektiven Verhängnis.

Wer diesen Opfertod sich zurechnet und in der Gemeinschaft der Christen sich dazu bekennt, ist frei unter dem Heil und bietet eine neue Existenz. Das erfordert den Glauben an Gott, der sich durch seinen Botschafter Jesus mitteilt. Dieser Glaube aber ist nicht allein von menschlicher Anstrengung und Zuwendung abhängig, sondern Geschenk im Wirken des Geistes. Doch wird uns in den Evangelien und in den Briefen des Neuen Testaments mitgeteilt, daß der aufrichtig um Glauben Nachsuchende durch Jesus in seine Gemeinschaft aufgenommen werde.

Solche verwickelten Gedanken hatte Comenius inmitten von Trübsal und Vertreibungen seiner Gemeinde zu erschließen. Dazu trat damals die Erwartung auf die baldige Wiederkehr (= Parusie) Christi und der Anbruch der Heilszeit, wie sie sich durch einige Bilder in der Offenbarung des Johannes nahelegte, Schwärmertum und Prophezeiungen entstanden, die man aus äußerlichen Wahrnehmungen, Veränderung in der Natur und meteorologischen Erscheinungen herleitete. Die Mischung aus inniger Frömmigkeit und rationaler Kraft bei der Einschätzung politischer Prozesse war es wohl, die Comenius einerseits in den eschatologischen Merkmalen durchaus mitreflektierte, als Gegengewicht aber über ein spezifisches Quantum von Nüchternheit verfügte. Es äußerte sich in einem Arbeitsverständnis, wie es etwa ein Jahrtausend zuvor der Stifter des Benediktinerordens in der Formel *ora et labora*, bete und arbeite, für seine Gemeinschaft ausgegeben hatte. In dieser religiösen Konzeption ist die Reihenfolge wichtig. Das Gebet als Vorausorientierung verhindert, daß eine Arbeitform entsteht, die von ihrem schöpferischen Vermögen abgekoppelt ist. Arbeit nämlich läßt sich nur anthropologisch begreifen. Bekanntlich arbeitet kein Tier, obwohl unsere Sprache von Arbeitspferden oder Arbeitsbienen redet. Den materialistischen Theoretikern, allen voran Karl Marx, verdanken wir den Humanbegriff Arbeit, der in hohem Maße geistgeprägt ist und recht eigentlich die Anthropogenese umfaßt; erst im Vulgärmaterialismus schrumpft er auf bloßes Schaffen.

Comenius konnte den Arbeitsbegriff auch vom Mißbrauch durch herrschaftliche Verfügung trennen; er nahm die verknechteten Bauern seiner Epoche hinlänglich wahr und stand ihnen brüderlich bei. Der Mensch ist zur Wirksamkeit berufen, die ihn übergreift und ihn seiner Geschichtlichkeit bewußt werden läßt. Die Natur bedarf unterschiedlicher Zuwendung, diese aber zu bemessen, ist allein dem Menschen aufgegeben, der selbst Teil der Natur ist, sie aber beständig transzendiert, weil er über die Natur hinaus denkt und mit ihr barmherzig umgehen soll. In der Bibel findet sich das Wort: Der Gerechte erbarmt sich seines Viehs (Spr. 12, 10) und am Sabbat sollen auch Ochse und Esel ruhen, womit die gesamte Kreatur in die Heiligung eingeschlossen bleibt. Für christliches Verständnis ist daher auch der Leib des Menschen eine spezifische Offenbarung, weil seine Organe sich als sinnvolle Einheit zu erkennen geben; vor allem wird die Hand als *Werkzeug aller Werkzeuge* brauchbar, wie es Franz von Assisi im „Sonnengesang" dichtete. In der Gebrochenheit irdischen Lebens kann die Hand sich freilich zum Segen erheben, aber auch würgen und töten. Dieser Gedanke läßt sich in das soziale und politische Aufbegehren weiterführen und gipfelt im Begriff „Hand in Hand arbeiten". Das alte Kampflied der SPD hält den Gedanken fest: „Brüder, zur Sonne, zur Freiheit...", dessen dritte Strophe mit den Worten beginnt: „Brüder, in eins nun die Hände..."

Für Comenius ruft Gott selbst dazu auf, das immer noch andauernde Schöpfungswerk umsichtig zu begleiten, es allenthalben zu umsorgen, für die eigene Zeit zu verantworten. Damit ist zugleich auch die wichtigste pädagogische Aufgabe benannt: die Nachwachsenden so auszustatten, daß sie mit eigener Einsicht das Gute weiterführen. Mit den Lichtgleichnissen, die Comenius liebte, lautete daher der grundlegende Auftrag: die Fackel weiterzureichen, *Traditio lampadis*, und damit menschliche Geschichte im Angesicht Gottes zu fördern. Es ging ihm um Praxis, und auf neue Möglichkeiten war er gespannt. Im Barockzeitalter bot sich dafür manche Herausforderung im *Apparat*, in der Maschine und in mechanischen Systemen. Die Kombination von Zeituhr und Sonnenuhr oder der Auftritt von Apostelfiguren zu bestimmter Stunde an Kirchtürmen faszinierten ihn, boten Vorzeichen, was alles Gott mit seiner Menschheit noch plane. Er blieb neugierig und demütig.

Konstruktionsprobleme der Umwelt interessierten ihn überaus, und manche seiner Schriften sind dem Typ des Sachbuchs zuzurechnen. Als hervorragender Autor dieser schriftstellerischen Gattung läßt er sich bis heute historisch einordnen. Dies alles aber vereinseitigte Comenius nicht. Technikvergötzung oder Anflüge zum Fetischismus blieben ihm fern. Die eigentliche religiöse Zumutung bestand im Bericht über Tod und Auferstehung Jesu. Das bedeutete bereits in der Antike eine Herausforderung und blieb sie bis heute. Denn an die Grenzlinie von Sein und Nichtsein mußten sich die Menschen jederzeit erst langsam heranarbeiten. Ein entscheidender Teil der Erziehungsarbeit versuchte, den Nachwachsenden ihre subjektive Endlichkeit angemessen zu erschließen. Nun gehörten für die christliche Theologie Tod und Auferstehung Jesu zum Bereich der *Eschatologie*, d. h. der „letzten Dinge", wozu die bereits genannte Dreistufigkeit von Schöpfung, Verfehlung und Erlösung zählt, aber auch das Ende der Weltzeit, in der Gott alles in sich zurücknimmt, Auferstehung und Gericht veranlaßt. Der Apostel Paulus fand bei einer seiner Missionsreisen in Athen, als er sein Evangelium öffentlich vorstellte, durchaus aufmerksame Ohren und interessierte Zuhörer. Als er aber vom gekreuzigten, gestorbenen und auferstandenen Jesus sprach und diese Vorgänge als Wahrheit bezeugte, wurden ihm Abwehr und Spott zuteil (Apg. 17). Der antike wie der neuzeitliche Erdenbürger ist sich darin einig, daß, was verstarb, nicht wiederkehrt. Darum bewirkt das Christentum eine dauernde Abwehr dem Unfaßlichen gegenüber. Das erkannte Paulus, wenn er seine Erfahrungen mit dergleichen Predigtinhalten typologisch zusammenfaßte: sie seien den Juden ein Ärgernis und den Griechen eine Torheit (1. Kor. 1, 23). Von der muslimischen

Reaktion konnte er damals noch nichts melden, weil Mohammeds Auftritt erst sechshundert Jahre später erfolgte. Mannigfach sind Wissende durchaus von Sturheit begrenzt und unwillig zum Dialog, indem sie Beweise für das Unbeweisbare, nämlich die Existenz Gottes, fordern. Was aber wäre das für ein Gott, der sich zuvor beweisen und mithin den Krücken des menschlichen Denkvermögens – Logik und Methode – unterstellte?

Diese Skizze eines Mannes aus Böhmen im 17. Jahrhundert, der gewissensgebunden seine Sache mit Gott der Welt gegenüber vertrat, half der neuzeitlichen Existenz voran. Das aber war nicht nur seiner unbezweifelbaren Denkkraft geschuldet, sondern fußte auf den spätmittelalterlichen Erschütterungen, aus denen das moderne Gewissen hervorging: Jeder müsse einsame, nur ihm zustehende Entscheidungen vollziehen. Das begann mit *John Wiclif*, Pfarrer in England, Philosoph und Dozent an der Universität Oxford, gestorben 1384, der als akademischer Lehrer gegen die damals noch unangefochtene Katholische Kirche, der er selbst diente, aufbegehrte. Er forderte die Rückkehr zur frühchristlichen Armut, verwarf Kirchenbesitz, sprach sich gegen das Papsttum und für die Laienpredigt aus und begann wie später Luther eine Übersetzung der Bibel in die Volkssprache. Damit erreichte das Christentum die unteren Volksschichten und bewirkte Bauernaufstände: Das Land wurde von denen zurückgefordert, die es bearbeiteten. Die Grundfesten des Feudalstaates gerieten in Gefahr, weil jeder Mensch sich über das Heilige äußern dürfe. Der gesamte kunstvolle Aufbau der Hierarchie, die Sakramentenlehre, Verfügung über die Gnadenmittel, angedrohte Exkommunikation als Disziplinierungsinstrument wurden hinfällig. Wiclifs kühne Thesen verbreiteten sich in verschiedenen Laienbruderschaften, u. a. bei Waldensern, Albigensern, Katharern und führten zur existenziellen Bedrohung der kirchlichen Organisation. Papst Lucius III. rief daher zum Ketzerkreuzzug auf, und die *Inquisition* als Gewissenspolizei verbreitete jahrhundertelang Angst und Schrecken, erfand die Folter mit sorgfältig abgestufter Tortur und prägte der Kirche einen unvergeßlichen Makel auf. Wie scharf die Kurie ihre Bedrohtheit durch die veränderte theologische Optik erkannte, ergibt sich daraus, daß Wiclif auf dem Konzil von Konstanz 1415 als Ketzer verurteilt, seine Gebeine ausgegraben und verbrannt wurden.

Jenes Konstanzer Konzil erhielt aber eine weitere unheilvolle Bedeutung, die sich generationenlang auswirkte: Auf dieser geistlichen und politischen Weltversammlung sollte *Johannes Hus* (geb. 1370), der tschechische Reformator, Priester und Dozent aus Prag seine theologischen Auffassungen vortragen, die von Wiclif herkamen, die Autorität des Gewissens hervorhoben, das Armutsideal vertraten und sich gegen weltlichen Besitz der Kirche aussprachen. Für das Erscheinen war Hus sicheres Geleit vom Kaiser Sigismund zugesagt. Dabei darf am Rande bemerkt werden, daß in Prag von Kaiser Karl IV. 1348 die erste deutsche Universität gegründet wurde, Deutsche wie Tschechen dort gemeinsam lehrten. Zu dieser universitären Körperschaft gehörte auch Hus. Als er in Konstanz seine Thesen darlegte, die als ketzerisch verworfen wurden und den Widerruf ablehnte, wurde er bei klarem Bruch der kaiserlichen Integritätszusage zum Tode auf dem Scheiterhaufen verurteilt. Es hieß, die geistlichen Würdenträger hätten dem Kaiser erläutert, einem erklärten Ketzer gegenüber sei jedes Versprechen hinfällig; so brauche sich ein Unrechtsbewußtsein bei der Majestät nicht einzunisten. Die nachfolgenden Hussitenkriege sind nur die eine Seite, die andere ist, daß sich dem deutschen Namen früh das Urteil des Machtmißbrauchs, des Verrats und der Grausamkeit anheftete, wohl auch germanische und slawische Völkerstämme in jahrhundertelange Kontroversen gerieten, die schließlich ihre Kulmination im *slawischen Untermenschen* aus der faschistischen Terminologie empfingen.

Die böhmisch-mährischen Brüder wurden von den Glaubensvorstellungen Wiclifs und seiner theologischen Nachfolger berührt und haben die Erneuerung der Kirche an Haupt und Gliedern gutgeheißen, ohne doch sich einer radikalen Lösung der kirchenpolitischen Verhältnisse zu verschreiben, das gilt besonders in Hinsicht auf kriegerische Lösungen. Comenius hatte dafür entscheidende Anregungen während seines Studiums in Herborn und Heidelberg durch die calvinistisch geprägten Professoren Alsted und vor allem durch den irenisch denkenden Theologen David Pareus gewonnen. Auch die Naherwartung Jesu als chiliastische Perspektive erschloß sich ihm. Im Studium kam er zudem mit den pädagogischen Ideen *Wolfgang Ratkes* (geb. 1571) in Berührung, der 1612 beim Reichstag in Frankfurt ein „Memorial" für eine deutschsprachige Einheitsschule vorlegte, in der die „natürliche Methode" das Lernen erleichtern, Völkerverständigung und Friedensgesinnung wachsen sollten.

In der Vielfalt solcher Strömungen und Stimmungen, dem Machtpoker der damaligen europäischen Großmächte Österreich, Frankreich und Schweden mit je unterschiedlicher konfessioneller Betonung hatte sich Comenius einzurichten. Angesichts der religiösen Blöcke war ihm nur eine winzige Gruppierung anvertraut. Diese vornehmlich aus Bauern, Handwerkern und kleinen Gewerbetreibenden, allerdings mit einigen adligen Gönnern und Grundbesitzern durchmischten Gruppe konnte ihm deshalb wohl auch eine Vorstellung dafür entstehen lassen, was Lenkung, Beratung, nachgehende Geduld in einer Zeit bedeuteten, in der die Welt sich im Chaos zu verlieren drohte, weil die stabil gewähnten moralischen Grundlagen offenbar nicht mehr trugen, der Mensch des Menschen Wolf war, wie sein britischer Zeitgenosse *Thomas Hobbes* formulierte. Solche Umstände dürften Comenius die seines Erachtens einzig mögliche Perspektive über die Kostbarkeit jeder Seele und ihre Rettung durch Gott erschlossen haben. So erst ist sein Wirken in der Einzelseelsorge wie auch in der Anrede als Gemeinde Jesu faßlich.

Die Differenz von Empathie, Solidarität und Zuspruch einerseits gegenüber dem Begriff der Seelsorge andererseits ist zu erläutern.

Gewiß sind es kostbare Ergebnisse gemeinsamen Lebens, wenn Menschen sich einander nicht nur vorurteilsfrei zuwenden, sondern zudem die Bereitschaft entfalten, die in der Enge jedes Lebens unabwendbaren Reibungen sich selbst auch als Verursacher zuzurechnen. Was Seelsorge gegenüber qualifizierter Fürsorge auszeichnet, ist, daß ein wesenhaft Anderes in der Beziehung mitwirkt. Dies wäre die Aussetzung der Rückgebundenheit alles Kreatürlichen an seine physischen Notwendigkeiten, der Wechsel in die Vorform dessen, was in der christlichen Lehre *Erlösung* heißt. Darum erschließt Seelsorge die Zuneigung sub specie aeternitatis, den Anhauch der verheißenen Gemeinschaft mit Gott. Wenn es im Galaterbrief (6,2) heißt: „Einer trage des anderen Last, so werdet ihr das Gesetz Christi erfüllen", finden wir mit dieser Formel die stärkste soziale Zuwendung als Mitträgerschaft unterschiedlich verteilter Beschwernisse, die erst in der Verwandlung durch den neuen Äon schwinden. Die Zusammenkunft gläubiger Menschen ist eine Gestalt kollektiver Seelsorge. Die einzelne empathische Zuwendung bleibt unter der biblischen Botschaft. Sie ist das geheiligte und darum heilende Wort, deren Wirkung sich methodischer Prozeßanalyse nur bedingt erschließt, weil darin offenbar der *Friede Gottes*, der „höher ist als alle Vernunft", wie es bei Paulus heißt (Phil. 4, 7), sich gegenüber intellektueller Zudringlichkeit verbirgt.

Im Leben des tschechischen Erziehers, Predigers und Seelsorgers Comenius mögen manche der hier erwähnten religionstypologischen Vorgänge wirksam gewesen sein, weit mehr aber solche, die wir als Nachgeborene nicht völlig verstehen und erfassen können, weil die Zeitalter ihre Menschen unterschiedlich vereinnahmen, die Atmosphäre jeweils neue soziale Beimischungen enthält. Darum gilt es, sich durch die Deutung seiner Schriften voranzuhelfen.

Kapitel II: Lebenslange Lernzeit als Schule aufgefasst

Comenius versucht in seinem Werk, die Haftung des Menschen für die ihm überlassene Welt umfassend auszuleuchten. Der große Entwurf trägt den Titel „Allgemeine Beratung über die Verbesserung der menschlichen Dinge" und läßt sich als Leitfaden durch die Zusammenhänge des Lebens auffassen. In der Mitte jener siebenbändigen Anlage steht eine Schrift, die, vom Gesamtcharakter her betrachtet, bereits vorgibt, daß sich in der Erziehung entscheide, ob jenes mit Erkenntnisvermögen und Freiheit ausgestattete menschliche Wesen in jeder neuen Generation sich an die Stützung der Weltverhältnisse begibt, in die es unwiderruflich hineingeboren wurde. Damit bestimmt Comenius als erster neuzeitlicher Mensch das Geheimnis der Erziehung. Wie ermüdend und verschleißend die Gestaltwerdung des Menschen mittels planmäßiger educativer Maßnahmen immer auch sei, sie bleibt unerläßliche Aufgabe aller, die sich jeweils im Generationsgefüge befinden. Diese Einsicht hat auch *Friedrich Schleiermacher* (1768-1834) bezeugt, der die Abfolge von Generationen und deren Dynamik überhaupt als Wahrzeichen seiner pädagogischen Theorie wählte.[2] Schleiermacher entstammte übrigens auch einer religiös praktizierenden evangelischen Familie, nämlich dem Herrnhuter Pietismus und blieb damit der böhmisch-mährischen Brüdergemeinde glaubensmäßig verbunden. Gegenüber „weltlichen" oder religiös neutralen pädagogischen Systemen wird im Gesamtkonzept an der Auffassung festgehalten, daß ohne Einbezug von Transzendenz menschliches Leben konturlos verbleibe, denn Leben und Tod erforderten Gedächtnis.

Die *Pampaedia* („Allerziehung") nun wurde erst dreihundert Jahre nach ihrer Entstehung aufgefunden, so lange galt die große

Unterrichtslehre (Didactica magna) als pädagogisches Vermächtnis von Comenius. Als nun aber 1935 ein tschechischer Gelehrter in den Archiven der Pädagogischen Anstalten von August Hermann Francke in Halle/Saale weitere Nachlässe entdeckte, ergab sich, daß Comenius zwar durchaus seine Unterrichtslehre als Grundanleitung jeglicher didaktischen Praxis verstand und sie in diesem Sinne auch generationenlang wirksam blieb, daß aber die Pampaedia erst den umfassenden Aufriß zwischenmenschlichen Handelns in pädagogischer Absicht bot. Das wurde bereits durch die Mittelstellung der Pampaedia deutlich. Die sieben Teile selbst wollen eine „allgemeine Beratung" über die Verbesserung der menschlichen Angelegenheiten veranlassen. So geht es zuletzt um eine *Pansophia*, d. h. eine um Weisheit bemühte Anleitung unseres Handlungsspektrums, die wiederum nur zustande kommen kann, sofern sie sich durch göttliche Offenbarung gefördert weiß.

Wenn nun gemäß barocker Architektur, die auch für literarische Werke gilt, die *Pampaedia* in den Mittelpunkt der schriftstellerischen Komposition rückt, so gibt Comenius damit zu erkennen, daß er im pädagogischen Handeln den Angelpunkt zur Ordnung der gesellschaftlichen Gesamtverhältnisse wahrnimmt und damit an eben dieser Stelle die Resultate seines Lebens ausbreitet. Mithin ist es nicht überzogen zu behaupten, der Exponent der böhmisch-mährischen Brüdergemeinde und zugleich ihr letzter Bischof verknüpfe die Begriffe Erziehung und Bildung mit einer Praxis, die im Kontext jeweiliger leidvoller Erfahrungen den Oberbegriff Pädagogik aufzufassen erlaube. Man darf daher sagen, Comenius verbinde den terminus technicus „Pädagogik" mit der unablöslichen Lebensgeschichte jedes Menschen, der seine Aufgabe erkennt und sich entschließt, die Gegenstände und Verhältnisse aufeinander abzustimmen und, wo immer notwendig, beherzt einzugreifen. Pädagogik wird damit aus dem Trend, es sich an kleinen Korrekturen genügen zu lassen, jeweils dazu aufgerufen, *das Ganze* im Blick zu behalten, obzwar dieses Ganze nicht schubweise zu justieren ist, sondern trotz eingehender Nachsuche verworren bleibt. So spiegelt das Geordnetsein des Einzelnen paradigmatisch die Ordnung der Schöpfung wider. Das Seiende schließt sich zum Sein Gottes auf. Gewisse neuplatonische Impulse gehen in diese Spekulation ein. Jedenfalls wird damit eine Bildungsvorstellung erreicht, die etwa in der Sprache der deutschen Mystiker bereits die Vorstellung entwickelt hatte, es gehe darum, sich Christus *einzubilden*, so daß dessen Bild, einverwandelt in jeweiliges Leben, Licht abstrahle, Unio mystica als unergründlicher Zusammenschluß erfolge, *Vorschule praktischer Pädagogik* in Kraft setze. Damit ist die bereits 1632 tschechisch und 1638 lateinisch erschienene *Didactica magna* nicht weniger wertvoll, weil sie die zweifellos wichtige Frage der unterrichtlichen Effizienz und der angemessenen didaktischen Hilfsmittel vornehmlich erörtert. Doch die *Pampaedia* führt das erzieherische Einzelwirken mit dem Heilsplan Gottes zusammen und erklärt die daran gebundenen Vorgänge. Es müssen nicht unablässig neue bildungstheoretische Sichtweisen in die Diskussion eingebracht werden, sondern erst an der Pforte, die ins Feld der Auseinandersetzungen führt, ist der Rückhalt jeweiliger Theoreme auf ihre metaphysische Verschränkung hin zu überprüfen. Sind sie davon nicht eingenommen, so schließen sie sich aus dem Gespräch über den Menschen als Geschöpf selbst aus, da sonst nur der Zufall des Daseins anstelle gnädiger Zuwendung bliebe.

Säkulare Bildungsvorstellungen entbehren einer qualifizierten Rückfrage, wie weit sich über Kindheit, Adoleszenz, Erwachsenheit, Altersphasen, Vorbereitung auf Hinfälligkeit und Tod die Verbindung mit der Transzendenz gestärkt habe, so daß der Lebensabschluß über Sinn verfüge. Freilich bleibt damit unstreitig, daß auf volle Diesseitigkeit gebaute Arbeit den Ablauf der eigenen Zeit mit spezifischer Gelassenheit gestalten könne. Sie wäre Frucht gelungener Erziehung, wachsender Mündigkeit, gebildeter Verantwortung. Jener im Zeitalter *Lessings, Herders* und *Humboldts* entstandene *neuhumanistische* Bildungsbegriff bietet dafür die Folie und läßt sich in gebotenem Respekt studieren. Zwar enthält er nicht ausdrücklich den Schöpfergott, dessen Offenbarung und den Aufruf, jeder habe sich in dessen Dienst zu stellen. Vor allem fehlt die Vorgabe allgemeiner Erlösungsbedürftigkeit der Welt und die kommende Rechenschaftslegung vor dem Weltenrichter. Nach jener Zäsur schien sich eine neue Welt ohne menschliche Gebrochenheit zu eröffnen. Teufelswesen und Hexenspuk wurden verscheucht; die Inquisition mit ihrer sorgfältig abgestuften Folter geriet außer Gebrauch; Gut und Böse fielen soziologischen und psychologischen Erklärungsmustern anheim; die *Aufklärung* trat ihren Siegeszug an.

Das Schwanken des Menschen zwischen Aufruhr gegen das Göttliche und Demut angesichts seiner Vergänglichkeit läßt sich an zwei Hymnen *Goethes* exemplarisch zeigen: *„Prometheus"* entsteht wahrscheinlich 1774, *„Grenzen der Menschheit"* werden um 1780 geschrieben. Es empfiehlt sich, beide Texte nebeneinander zu legen, unabhängig davon, was die Goetheforschung dazu an weiteren Spezifikationen ermittelte. Freilich geht es bei „Prometheus" um griechische Gottheiten, die dem Schicksal und der Zeit unterworfen bleiben wie die Menschen auch. Hinsichtlich der christlichen Offenbarung hat Goethe keine dogmengeschichtliche Kritik vorgenommen, sondern sich, durch die Lektüre der Schriften *Spinozas* angeregt, ein pantheistisches Naturgefühl als die ihm gemäße Lebensform erkoren.

Das Konzept von Comenius lautet: „Wie für das ganze Menschengeschlecht die Welt eine Schule ist, vom Anbeginn der Zeit bis zu ihrem Ende, so ist auch für jeden einzelnen Menschen sein ganzes Leben eine Schule, von der Wiege bis zur Bahre." (P 85)[3] Danach unterscheidet er acht weitere Schulen; die erste bezieht sich auf das „vorgeburtliche Werden" (Schola Geniturae) (P 155 ff.), und damit wird Comenius zum Stifter einer Ganzheitlichkeit, die vor ihm niemand in gleicher Prägnanz umriß und die erst seit dem Beginn empirischer psychologischer Forschung an der Wende vom 19. zum 20. Jahrhundert und die Psychoanalyse von *Sigmund Freud* ein Fundament erhielt. Comenius bemerkt, daß bereits die Zeugung eines Kindes über den Akt selbst hinausweise, nämlich Menschlichkeit erfordere, kein bloßer physiologischer Vorgang bleibe. Er verlangt *Zucht* im Umgang der Geschlechter miteinander und verwirft außereheliche Sexualität, damit jedes Kind seine gewissen Eltern habe. Uneheliche Geburten, in Fürstenhäusern waren sie nicht selten, galten als Schande. In der Moderne sind diese Schranken weitgehend gefallen. Nachdem zunächst die mechanischen, später die biochemischen Kontrazeptiva der profitablen Industrie gediehen, um folgenlose Lust zu gewährleisten, entfielen auch jene Abschnitte des Strafrechts, die „Unzucht" oder „Kuppelei" verfolgten.

Es bringt wenig, über den gesellschaftlichen Wandel und den damit einhergehenden Wechsel moralischer Standards zu diskutieren. Zu verstehen bleibt lediglich, daß es immer möglich war, sich asketischen Forderungen zu unterstellen und transzendente Kräfte als Hilfe gegen bloße Triebhaftigkeit aufzubieten. Vermenschlichung ist in jeder Ehe lebenslange Aufgabe: „Denn alles, was die Mutter tut und leidet, wird dem Körper und der Seele des Kindes eingeprägt" (P 159). Manche Erwägungen dieser Art sind im Begriff der Mutter-Kind-Dyade fortgeführt. Ein Jahrhundert nach Comenius hat *Rousseau* das Gebot eingeschärft, jede Mutter möge ihr Kind selbst stillen, und *Pestalozzi* die innige Beziehung zwischen Kind und Mutter hervorgehoben.

Weitere Perspektiven erschließen sich in der „Schule der frühen Kindheit" (Schola infantiae), zu der Comenius die ersten sechs Lebensjahre rechnet, die spezifischer Zuwendung bedürften. Formung (formatio) und Führung (educatio) galten ihm als korrespondierende Vorgänge. In seiner plastischen Vorstellungskraft, die vielen Generationen zur Vermittlung von realen Gegenständen und begrifflicher Zugehörigkeit verhalf, bezieht er sich auf die Arbeit von Handwerkern, deren Wirksamkeit er analog zur Formgebung heranwachsender Menschen versteht. Werden sie verantwortlich gelenkt, so lassen sich die Normen des Wahren und Guten einpflanzen. „Weit besser wäre es, wenn die Menschen durch die Zügel der Vernunft, und nicht durch die Macht von Gesetz und Gericht, in Zucht und Ordnung gehalten würden. Aber man sagt, die meisten Menschen ließen sich wegen der Stumpfheit ihres eingeborenen geistigen Vermögens nicht durch die Vernunft leiten, vergebens wende man Milde gegen so unbändige Boshaftigkeit und gegen eine überall so eingewurzelte Verstocktheit an." (P 165)

Comenius äußerst sich als Pädagoge mitten im Kampf der unterschiedlichen Auffassungen über die Wirkung der Erziehung. Vermeintliche Vorgaben aus der Generationenabfolge bieten seit alters her pseudo-empirisches Material, um jeweiligen Nachgeborenen ein schlichtes Vorauszeugnis ihrer sozialen Anwartschaft zu vermitteln. Hört man das Zitat genau ab, so finden sich darin fast alle negativen Zuschreibungen, die auch heute noch als Vernünftelei über die Aussichten von Erziehung getauscht werden und sich zudem als bildungspolitische Hintertreppe begehen lassen. Mit dem Begriff der „Verstocktheit" erwähnt er einen Vorwurf, der sogar schwere Repressalien in religionsgeschichtlicher Hinsicht auslöste, da man ihn auf die Beharrlichkeit des Judentums anwandte, sich der jahrhundertealten christlichen Missionspraxis gegenüber zu versagen; eine perfide Variante dafür ist selbst noch im Holocaust aufzuspüren.

Zur Genialität von Comenius zählt, daß er die vielfältigen Vorurteile nicht einzeln untersucht und das Bündel möglicher Ursachen für die Stumpfheit verschnürt beläßt; er empfiehlt, umgekehrt vorzugehen: „Wir müssen also nach den Gründen suchen, warum das vernünftige Geschöpf (der Mensch) nicht durch die Zügel der Vernunft geleitet werden kann. Ob vielleicht dieser Lenkung selbst, wie sie jetzt üblich ist, etwas Unvernünftiges zugrunde liegt?" (P 165) Das ist der intellektuelle Befreiungsschlag, der hier angeraten und als archimedischer Punkt pädagogischer Einstiege schlechthin bezeichnet wird. Überall, wo gelernt werden soll, wo immer etwa auch sozialpädagogische Hilfen anzubieten sind, braucht über Vergangenes nicht mehr geredet zu werden, zumal es kaum zum Gespräch vorankommen dürfte. Einzig der neue Anfang kann Impulse zur Veränderung freisetzen. Damit wird aber zugleich auch die *Vorschule praktischer Pädagogik* erläutert; sie meint nämlich die Qualifizierung des mitmenschlichen Umgangs. Es geht weniger um Abgelaufenes, sondern mehr um erneuerbare Wahrnehmung. Legt man die Denkspur entsprechend an, so wird Pädagogik in ihrer Vielfalt spezieller Methoden, Didaktiken und wissenschaftlicher Horizonte zur Verstärkungskapazität für noch nicht vollständig geborgenes Leben, das zur Selbständigkeit bestimmt ist, dafür jedoch mancher *Stützen* bedarf. Pädagogik qualifiziert sich nicht anders, als sich dem Pragma jeder Wissenschaft zuzurechnen, für die *Bertolt Brecht* im „Leben des Galilei" vermerkt, sie sei dazu geschaffen, die Mühsal des menschlichen Lebens zu erleichtern.[4] Comenius verweist auf eine elementare Tatsache, und darum kann er auch die Frage stellen, ob der üblichen Lenkung zum Gebrauch der Vernunft vielleicht „etwas Unvernünftiges" zugrunde liege?

Damit rührt er an das Borniertheitsyndrom, das jeder Epoche eigentümlich anhaftet und dem er in seiner Schrift von 1623 „Das Labyrinth der Welt und das Paradies des Herzens" seinen spezifischen Ausdruck verlieh, denn die Mitglieder seiner böhmischen Gemeinde vermerkten, daß diese Schrift neben der Bibel das einzige geistlich-geistige Fluchtgepäck bei der Vertreibung durch die gegenreformatorischen Kräfte gewesen sei. In der beständigen Gemengelage von Vernunft und Unvernunft konnte Comenius freilich nicht voraussehen, daß sich im 20. Jahrhundert Erfahrungen mit dem puren Widersinn ergeben sollten, die den Schrecken des Dreißigjährigen Krieges noch überboten und heute unter dem Begriff des *Zivilisationsbruchs* diskutiert werden. Denn in seinem Zeitalter begann das aufklärerische Denken an die Vernunftausstattung des Menschen als universales Vermögen zu appellieren und menschenwürdige Verhältnisse anzumahnen, Zivilisierung und Moralisierung zu begründen. Ein Jahrhundert später urteilte *Immanuel Kant*[5], die Menschen seien zwar kultiviert und zivilisiert, keineswegs aber bereits moralisiert, wodurch Kant in seiner Fundamentalanalyse humaner Befindlichkeit auf das Differenzierungspotential in der Werteskala aufmerksam machte. Freilich hat Comenius, durch seine theologische Weltsicht bedingt und persönlich gehalten, niemals die volle Befriedbarkeit individueller wie gesellschaftlicher Verhältnisse für möglich erachtet, weil für ihn das Erlösungshandeln Gottes erst am Ende stand und während der Zeitlichkeit dieses Äons die Sachwalterschaft des Menschen an der Verbesserung der Welt galt: „Deshalb ist eine vorausschauende Sorge um die Kindheit notwendig." (P 165)

Die Begriffe der *Sorge* und Fürsorge bemüht Comenius am Beispiel der Agrikultur mit Aussaat und Pflanze. Man hat sich dabei bewußt zu halten, daß für jene Jahrhunderte die Sorge um Ackererträge vorrangig blieb, daß durch Mißernten Hungersnöte entstanden und oft weite Landstriche entvölkert wurden, weil der Import von Lebensmitteln beim damaligen Verkehrswesen nicht möglich war. Darum verwendet Comenius das biblisch genutzte Bild des Samenkorns und dessen hinlängliche Einbettung in den fruchtbaren Akkerboden, um daran pädagogische Vorgänge modellhaft ins Bewußtsein zu heben, das Wachstum des Wissens steht für ihn dazu in Analogie, weil „...an der ersten Wartung der Kinder... mehr gelegen ist als an der ganzen übrigen Spanne ihres Lebens und Lernens." (P 166) Nach diesen pädagogischen Fundamentalien greift er noch einmal kurz auf die zuvor erwähnte pessimistische Anthropologie zurück. Er bestreitet keineswegs, daß es etliche Menschen „ohne Herz und Verstand" gebe (P 167); aber auch für diese verordnet er keinen Ausschluß, sondern beläßt es bei der Ermahnung.

Die Schule der frühen Kindheit unterteilt er wiederum in sechs Klassen (P 175 ff.), die eine Reihe gesonderter Zuwendungen und Auflagen erforderten; den Vorschein eines tätigen Lebens rechnet er dazu sowie den Verweis von Trägheit. Auch Verzärtelung lehnt Comenius ab, dagegen setzt er das Ertragen von Unannehmlichkeiten, bündige Anordnungen, Arbeitsbeispiele durch Anschauung. „In Schranken gehalten werden sie durch die Zucht, die sie in der Ehrfurcht bewahrt." (P 181) Für fehlerhaft hält er, wenn man den Eigensinn der Kinder entschuldigt (P 182). Gute Beispiele seien unauffällig anzulegen, die Kinder sollen glauben, daß Erwachsene sich stets angemessen verhielten (P 183). Comenius sagt nicht, wie dann die Entdeckung der tatsächlichen Fehlerhaftigkeit ihrer Umgebung zu verarbeiten sei. Dieser Prozeß erschließt sich, wenn die eigene Vergebungsbedürftigkeit faßlich werde. Prügelstrafe lehnt er ab. Gewöhnung an Gehorsam sei der bessere Weg zur Zucht. Diese wiederum wachse durch häusliche Ordnung und familiale Frömmigkeit (P 184).

Die dritte Stufe seines Konzepts nennt Comenius Schola pueritiae, die Schule des Knabenalters, und faßt darunter die Spanne vom sechsten bis zum zwölften Lebensjahr. Dabei bleibt anzumerken, daß Comenius die *Kinder beiderlei Geschlechts* meint, also Jungen und Mädchen, weil sie *Menschen* seien (P 192) und darum das Geschlecht nachgeordnet bleibe. Für jene Epoche kann dies als kühner Entwurf auf die Gattung als solche gelten, weil nur der Mensch seinesgleichen bestärken könne, Hand an die gemeinsame Arbeit zu legen. Solche Arbeit dient der Verbesserung der sozialen Verhältnisse insgesamt und ist folglich auf die Schultern beider Geschlechter zu laden. Um aber Einsicht in die Umstände samt deren Schieflage zu erhalten, ist schulisches Lernen für alle unabdingbar. Das ist die Apologie für Unterricht. Welches Kind an ihm nicht teilhat, wird mithin um sein Erkenntnisvermögen und seine Bildung betrogen. Es gibt wohl kaum einen anderen Text im Entwurf von Schule und Unterricht, der mit kürzeren Sätzen, fast im Ton der zehn mosaischen Gebote feststellt, was rechtens sei. Wer ihnen Schulgesetze in modernen Industrienationen gegenüber stellt, möchte wünschen, daß ihnen ähnliche humane Entschiedenheit und intellektuelle Klarheit innewohnte, wie sie damals vernehmlich war. Angesichts jener revolutionären Entschiedenheit, die Bildung beider Geschlechter gleichzustellen, bleibt anzumerken, daß *J. J. Rousseau*[6] ein Jahrhundert nach dem großen tschechischen Reformer nur die Bildung des Mannes betonte und die Frau mehr als dessen erholsame Partnerin einschätzte.

Comenius erkannte zudem in der *Grundschule* die Einstimmung auf den gesamten nachfolgenden Lernprozeß. Folglich gehörten dorthin die besten Lehrer. Er spricht von den Fundamenten des geistigen Gebäudes, das ohne gesicherte Grundlagen seinen Zusammenhalt nicht finde. In entsprechender Konsequenz unterbreitet er einen Vorschlag, der heute erst recht erwägenswert ist: „Der Lehrer für die unterste Klasse sei darum weiser als die anderen; man sollte ihn durch bessere Bezahlung gewinnen" (P 193). Ausführlich geht er auf die Schulbuchfrage ein und spricht sich für eine Selektion der didaktischen Hilfsmittel aus: „Soll die Welt von der Flut der Bücher befreit werden, muß es gleich am Anfang geschehen. Soll die Welt in die Bücher Gottes eingeweiht werden, muß man bald damit beginnen." (P 196) Angesichts der Grenzenlosigkeit des Internets unserer Tage mag diese Anregung zur kritischen Sicht auf den Wissensmarkt und dessen Profitgesetz beizutragen.

Die Lernexempel entnimmt Comenius vor allem der Umwelt, um Anschauung zu gewährleisten, denn immer bleibt ihm die Natur eine Stufe zur Gnade (P 201), wobei er das mittelalterliche Stufenschema der Erkenntnis erinnert, das in der Hochscholastik unter *Thomas von Aquin* seinen Ausdruck fand. Im übrigen aber galt ihm die von den Arabern vermittelte Mathematik als das aufregende Beispiel in jedem Unterricht (P 194 f.). Dem fünften Schuljahr behält er vor, die Hinführung der Schüler zur Frömmigkeit didaktisch zu organisieren. Dabei soll, wie es der Lebensform in der böhmisch-mährischen Brüderunität entsprach, der Einbezug des Glaubens in das persönliche Dasein kenntlich werden. Unter den mehrfachen Ausprägungen des Pietismus im 17. Jahrhundert war das tschechische Modell der religiösen und politischen Bedrängnis besonders respektabel (P 205 ff.), und die religionspädagogischen Prinzipien blieben nachdenkenswert.

Ein weiteres Problem wird mit dem Sprachenerwerb benannt. Aus der Redevielfalt deutsch-slawischer Siedlungsgebiete fordert Comenius „das Erlernen der Sprache der Nachbarvölker" (P 216 f.) und bemerkt, daß im kindlichen Alter Sprachen am leichtesten zu vermitteln seien, weil die Freude am Erzählen dem pädagogischen Zweck voran helfe. Comenius beschließt seine Überlegungen hinsichtlich dieser Altersstufe, indem er auf das Willenstraining verweist und dabei harte Anstrengungen einfordert.

Schola adolescentiae – die Schule der Reifezeit – bietet die vierte Stufe der Lebensalter. Rückblickend wird vermerkt, daß die vorangegangenen pädagogischen Bemühungen der Pflege des noch unbearbeiteten Gemüts dienen sollten. Das geschehe in Form von *Leitsätzen*. Fortan gelte es, *Richtlinien* aufzustellen, „wie der heranwachsende Geist geformt wird" (P 220). Dazu bietet Comenius wiederum in barocker Architektur, was alles der Mensch sei und rudimentär berge. Einzelne Vermögen werden vorgestellt und in der Dimension ihrer Entfaltung aufgewiesen. Unter den Vorgaben wird ausdrücklich auch die menschliche *Hand* angesprochen (P 221); sie gilt für Comenius als das Werkzeug aller Werkzeuge, dafür dürfte er als Kenner der Kirchengeschichte auch durch den „Sonnengesang" des *Franz von Assisi* angeregt worden sein, der sich, wie bereits erwähnt, dieses Bildes bediente. Alle Anlagen aber bedeuten nur etwas, sofern Erwachsene sich ihrer annehmen. Dabei wird immer bereits ein Generationsverhältnis vorausgesetzt, das sich in elementarer Hilfe für Nachwachsende bewährt (vergl. Anm. 1. – Schleichermacher).

Zentral in diesem Entwurf steht, daß die Gegenstände des Lebens (die Sachen) bekannt sein sollen und anerkannt werden müssen, wozu die Schärfung der Sinne dient. Dann können die Dinge ihren vorgestellten Zwecken gemäß gebraucht werden. Im Bilde einer Spirale – das Comenius gern gebraucht – leitet sich daraus die Kraft zur *Sublimation* her. Das Ziel dieser Schule der Reifezeit soll es nämlich sein, die sinnlich gesammelte Materialkenntnis durch „Veredelung" bei den Jugendlichen in feste Formen zu überführen. Denn „die Würde des Menschen gegenüber den Tieren beruht auf seinem Verstande (ratio)" (P 222). Damit wird das Problem angesprochen, wie die in den Pubertätsschüben freigesetzten Triebimpulse in Fassung zu bringen seien. Als Mittel dazu werden benannt: Philosophie, Politik und Theologie aus ihren jeweiligen Prinzipien zu entfalten. Als Methode scheinen ihm folgende Bereiche dienlich: Dialoge, Disputationen, szenische Darstellungen und Briefe (P 223). Genial erkennt er, daß die Triebkräfte Jugendlicher sich nur einbinden lassen, wenn sie zur sprachlichen Reflexion gelangen. Die genannten verbalen Praktiken sollen dazu verhelfen. Denn immer besteht die Gefahr, daß die sexuellen Begierden sich von der Gesamtpersönlichkeit abspalten und ohne Integration behaupten. Dagegen ist sprachliche Elaboration aufzubieten, und Comenius bedauert, daß in den Schulen bisher keine *Gesprächskunst* gelehrt werde (P 223). Damit erörtert er Möglichkeiten, ohne die politische Kultur sich kaum vorstellen läßt. Erst durch die Psychoanalyse haben wir gelernt, daß die in Worte gefaßten und zur Aussprache gelangenden inneren Vorgänge, unter deren Bann Menschen oft lange leiden, Befreiung verheißen. Religionen und Kulte haben dergleichen Praxis in unterschiedlichen Formen von Beichtmöglichkeiten genutzt. Comenius löst diese Verfahren aus ihrer kultischen Verklammerung und erlaubt uns, mit seinen Arbeiten über praktische Pädagogik zugleich die Haltevorrichtungen für pädagogisches Denken zu schaffen, indem er Wissen mit Zuversicht verknüpft. Darum darf man ihn zu den Stiftern einer Disziplin rechnen, durch die unsere Gattung den Begriff der intergenerativen Weitergabe als Kulturmuster aufzufassen vermag. Bei ihm ist diese Gewißheit noch unverrückbar im christlichen Bewußtsein verankert. Der nachfolgende Säkularisationsprozeß hat, wie erwähnt, bei vielen Menschen solche Einfassung getilgt. Geblieben aber ist das Modell einer unablässigen Sorgfaltspflicht, jedem Neugeborenen zu einer möglichst reichen Entfaltung seiner Anlagen in intellektueller wie in sozialer Hinsicht zu verhelfen, um das „öffentliche Wohl", wie Comenius bereits formuliert, zu sichern (P 220). Zur Vergegenwärtigung seiner selbst Tagebuch zu führen, wird mehrfach angeraten (P 227).

Daran schließt sich die *Schola juventutis*, des Jungmannesalters. Sie ist durch den Übergang ins Gymnasium und durch den Vorblick auf akademische Studien gekennzeichnet. Comenius zieht dabei viele Passagen aus den Schriftstellern des klassischen Altertums heran und verknüpft die beiden großen europäischen Bildungsmächte Antike und Christentum zur Einheit. Das Ziel der Formung in dieser Schule ist, junge Menschen zur *Weisheit*, zur *Tugend* und zum *Glauben* voranzuhelfen. Dazu sollen auch Bibliotheken und Reisen dienen. Wurden für die vorausgegangene Schule des Reifealters Disputationen als Rede- und Gesprächsfähigkeit eingefordert, so kommen nunmehr wissenschaftliche Differenzierungen unter strenger Logik und begrifflicher Trennschärfe hinzu, die Comenius *diakritische* Unterscheidungen nennt; das Verbum bedeutet trennen, absondern, scheiden, auseinanderbringen. Diese Schule enthält drei Teile: den akademischen Aufenthalt selbst, Reisen und Berufsperspektiven. Der examinatorische Abschnitt gilt als wissende Bereitschaft für das Ganze und als Nachweis für allseitiges Verstehen.

Auch über gedeihliche Lebensformen für die nach Erkenntnis und Weisheit strebenden Jungakademiker macht Comenius sich Gedanken. Er empfiehlt das Zusammenleben, abgesondert vom Lärm und der Masse, schlägt Genügsamkeit und schlichte Kleidung vor, so daß Modetorheiten gänzlich entfallen (P 238). Pansophische und panbiblische Übungen rechnen dazu (P 238 ff.), schließlich folgen noch spezifische Anleitungen; in ihnen soll der junge Mensch daraufhin eingeübt werden, sich in der Präsenz des Wissens von den Gesamtzusammenhängen darzubieten, also seine Autonomie zu bekunden. Dazu ist wiederum *Synkrisis*, die vergleichende Methode, dienlich (P 245).

Auch die Kultur des Reisens wird für diese Stufe angesprochen, um Kenntnis von anderen Völkern und Verhältnissen zu gewinnen, Klugheit aufzulesen. Dabei läßt sich ein Nebenblick auf den Massentourismus der Gegenwart werfen. Comenius schreibt: „Wer einen Berg, ein Tal, eine Ebene, einen Baum, ein Pferd, einen Menschen (richtig) angeschaut hat, der hat die ganze Welt gesehen, weil diese ja daraus besteht." (P 247) Noch im 19. Jahrhundert konnten nur besonders Wohlhabende reisen, die Mehrheit blieb auf Berichte angewiesen; der Beruf des Reiseschriftstellers entstand, der die Welt zur Wahrnehmung aufbereitete. *Immanuel Kant* ist nie gereist und kannte doch fremde Länder recht genau. *Schiller* hat ein Gebirge oder das Meer nicht gesehen, die aber in seinen Dramen oft den Hintergrund bieten, *Hölderlin* konnte das ersehnte Griechenland nie betreten. Sie schöpften aus Berichten und entfalteten ihre *aktive Imagination*, während Fernreisende heute oft so stumpf zurückkehren, wie sie vor ihrem Aufbruch waren, denn der Milieupanzer haftet. Ein anderes Volk wird über die Sinne, z. B. den Gaumen, gar nicht erfahren; es heißt, deren Essen sei ungenießbar. „Mit welchem Ziel soll man reisen? Um in sich selbst und in anderen die Weisheit zu stärken. Demnach soll man bereit sein, zu lernen und zu lehren." (P 246) Bei Reisen möge man zudem gelehrte und berühmte Persönlichkeiten aufsuchen und sich dafür Empfehlungsschreiben mitgeben lassen. Alle öffentlichen Einrichtungen stehen unter Interesse. „Ferner muß er Zeughäuser, Markthallen und Wechselstuben beachten, dazu Theater und Vorführungen, die gerade stattfinden. Auch soll er sich für die Hochzeitsbräuche, Begräbnisarten, Festmahle und eben für alles, was anders als in der Sitte seiner Heimat ist, interessieren." (P 248)

Zum Bildungsprozeß jenes Lebensabschnitts wird zuletzt nochmals nahegelegt, sich ein Tagebuch einzurichten: „Dahinein gehören I. eine Geschichte der bisher durchlebten Zeit, II. eine Aufzeichnung über die bisher zurückgelegten akademischen Studien, III. Reisebeobachtungen, IV. eine Niederschrift über das, was im Leben vollbracht und was noch getan werden soll." (P 249) Für Comenius blieb Zeit stets gewährte und geschenkte Zeit; es galt, sie dankbar anzunehmen. Als kostbare Vorgabe durfte sie nicht vergeudet werden, stets hieß es, sie zu nutzen. Immerhin werden auch Heiterkeit, Genuß und Freude sowie das Spiel empfohlen, Entspannung geschätzt. Der übergreifende Befund bleibt unwiderrufen: „Die Welt ist voll von Irrenden. Es gibt keinen anderen Weg, sie von ihren zahllosen Irrtümern zu befreien, als sie von ihrer Unwissenheit freizumachen, dem Quell aller Übel." (P 250) Wissen kann zur Gewißheit vorankommen, die sich im Zeitverlauf bewährt oder dem Widerruf anheim fällt.

Dazu bietet sich die *Schola virilitatis*, die Schule des Mannesalters: „Dieses Kapitel lehrt die Kunst, wie man recht leben und all das Seine zum guten Ende bringen kann. Die Praxis, der rechte Gebrauch des Lebens." (P 252) Die bisher gelernte Theorie habe sich fortan zu bewähren, indem sie den Mittelabschnitt des Lebens einfasse. Der Begriff des Lernens wird von Comenius, mit der Dimension des Handelns verschränkt, weitergeführt. Es heißt nämlich, daß in den vorherigen Schulen die „Gelehrigen" vieles hätten aufnehmen können, nun aber gehe es um „die ernsthafte Verwendung der Dinge selbst und den vielfältigen Umgang mit den Menschen für das ganze übrige Leben." (P 253) Dabei greift Comenius auch auf die antike Erkenntnis des *Docendo discimus* zurück: Am meisten lerne man durch Lehren, also durch die eigenen Schüler, nachdem man bei den Lehrern ausgelernt habe. Gründlich erörtert wird die Frage, welche Bücher hinfort zu nutzen seien. Dafür sind drei benannt: „1. das Buch des Geistes, auf das nirgendwo etwas zugelassen werde, was der Vernunft widerspricht; 2. das Buch der Welt, damit sich in unseren Handlungen nichts Unharmonisches zeige, sondern alles so systematisch sei, wie es die Werke Gottes sind; 3. das Buch der Heiligen Schrift, damit nichts ohne den Rat Gottes getan werde." (P 256)

Mit dieser Dreiheit bietet Comenius ein Richtmaß für die Beurteilung von Büchern überhaupt, damit die Erwachsenen am geistigen Leben ihrer Epoche teilnehmen können; eifriges Lesen gilt als unerläßlich. Zur qualifizierten Lektüre empfiehlt er besonders die Werke von Historikern, Philosophen und Theologen, „um immer tiefere Einsicht in die Gründe der Sachenwelt zu gewinnen." Aber auch Redner und Dichter sollten herangezogen werden, um den eigenen Stil zu verbessern. Diese ästhetische Komponente gilt es besonders zu würdigen. Erforderlich bleibe es, mehrere Schriftsteller zu lesen, „denn keiner von ihnen hat alles dargestellt. Und wenn er es schon hätte, so ist doch die Abwechslung angenehm; sie lockt, erfreut und fesselt uns. Ferner ist nur aus einer reichen Fülle die nötige Auswahl möglich. Es ist nämlich nicht zu empfehlen, daß sich jemand in der Wahl seines Schriftstellers nach anderen Leuten richtet; das wäre ganz unfruchtbar, unwürdig der Erhabenheit des menschlichen Geistes und des Lichtes dieser Methode." (P 256) Daran schließen sich Bemerkungen über Auswahlkriterien für Literaturstudien, um kritische Distanz gegenüber dem zu gewinnen, was als Druckerzeugnis vielleicht marktgängig ist und sich wegen seines Bekanntheitsgrades ungerechtfertigt weiter empfiehlt. Verwiesen wird darauf, daß ein Großteil der Buchproduktion darin bestünde, daß einer vom anderen abschriebe (P 257). Exzerpte blieben erforderlich, um anhaltende Kritik zu ermöglichen, zudem sei der Rückgang auf die Quelle nützlich, um die Urteilskraft zu stärken (P 258).

Leben wird als Beruf bewertet und dabei Luthers Verständnis unterlegt: Beruf sei als Berufung aufzufassen und entsprechend das Leben als Arbeit, die erst mit dem Greisenalter abschließe; doch sei „über das Leben selbst" hinaus zu denken. (P 261) Klugheit bleibe vonnöten, denn das Leben sei auch eine Fallgrube, ein Schauspiel, eine Schaubühne des Ruhms (P 264), wobei Comenius auf die Verführung in öffentlichen Ämtern und deren Dynamik verweist (P 265). Leben heißt Mangel haben, ständig entbehren wir etwas (P 267) und werden verlockt. Empfehlungen für einen vernünftigen Lebensgang sind exemplarisch beigefügt, dabei auch gesundheitliche Vorschläge (P 270 f.). In Hinsicht auf die Gemeinschaft heißt es: „Lebe gleichsam in der Öffentlichkeit und zum öffentlichen Wohle. Lebe so, daß man auch von dir sagen kann: Ein guter Mensch ist ein gemeinsames Gut." (P 271)

Verständlich ist zudem, daß Comenius die Landwirtschaft als fundamentale Größe der menschlichen Produktion und Reproduktion sieht und damit seine Epoche in wirtschaftlicher Hinsicht kennzeichnet. Weit vor dem Industriezeitalter erkennt er die wachsende Bedeutung des Handels, für den keine Grenzen bestehen bleiben. Damit ist auch die Versuchung zur Unredlichkeit eingeschlossen: „Nur gerechte, gewissenhafte und amtlich dazu eingesetzte Männer sollen sich dem Handel widmen (...) dennoch ist es besser, zu dem zurückzukehren, wozu wir verurteilt sind, zur Arbeit im Schweiße unseres Angesichts, damit nicht wir selbst, sondern der Acker verflucht werde." (P 272) Die Frühzeit der kolonialen Ausgriffe hatte damals begonnen, jene Epoche also, unter der wir im 21. Jahrhundert ansatzweise erkennen mögen, daß die millionenfache Verelendung in der Welt eine Anklage gegen die reichen Industrienationen einschließt. Über die geforderten „Gerechten" wird weiter zu reflektieren sein und wie sie mit den lebenslangen Schulen in Verbindung zu denken sind.

Die letzte der ausführlich entworfenen Probe- und Bewährungszeiten des Lebens nennt sich Schola senii, die *Schule des Greisenalters*. Darin geht es um die Weisheit, wie das irdische Leben bewältigt und der Eintritt in das ewige Leben gewonnen werden könne. Es heißt knapp: „Tu das, was du bei deinem Tode getan haben möchtest." (P 261) Auch für diesen Lebensabschnitt reklamiert Comenius weiterhin den Begriff der Schule, in der es um *Pansophia* geht, die aber um ihres inneren Zusammenhanges willen nur im systematischen Aufbau erreichbar ist. Lediglich ein Teil jener Schrift ist erhalten bzw. ausgeführt oder aus dem Tschechischen bislang übersetzt, wie ja auch das Schicksal der *Pampaedia* bezeugt, die hier als Hauptvorlage genutzt wurde. Im Blick auf die Komposition des Gesamtwerks mit seiner gedanklichen Fülle vermag deutlich zu werden, welcher anthropologische Begriff von Schule zugrunde liegt. Wie sehr Comenius es darauf anlegte, die „Schule des Greisenalters" als Zufluß aus früheren Gedanken fruchtbar und als Auflauf von Weisheit kenntlich zu machen, zeigt sich daran, daß die vorauf gegangenen Schulen bereits Eingaben und Hinweise auf die erwartete Ernte enthalten. Comenius gebraucht die jahreszeitlichen Rhythmen, die damals allen Menschen vor Augen lagen und ihre Symbolkraft entfalten konnten: „Das Greisenalter läßt sich mit dem Winter vergleichen. Der Winter ist seiner Natur nach unfruchtbar, er bringt keinerlei Früchte hervor. Er erlaubt den Menschen nur, ihre Vorräte zu genießen. Wer im Sommer und im Herbst nichts sammelt, leidet im Winter Not und Hunger." (P 260) Dabei bezieht er sich ausdrücklich auf das Erwachsenenalter, um Menschen in dieser Phase ihrer kernhaften Stärke bereits zur Nachdenklichkeit anzuregen, wie rasch die unerschöpflich dünkenden Kräfte schwinden und daher das Reflexionsvermögen zur rechten Zeit wirken müsse: „Hier ist noch möglich, was später nicht mehr möglich ist. Im Mannesalter steht alles in voller Blüte: die Sinne, das eingeborene geistige Vermögen, das Gedächtnis, die Urteilskraft (...). Bei den alten Leuten wird dies alles nach und nach schwächer, und einmal wird es ganz getilgt. Deshalb müssen wir allerlei Schätze an solchen Dingen sammeln, die für uns gut sind." (P 260) Diese Mahnung behält bei Comenius immer ihren Bezug auf das jeweilige Leben und überschreitet ihn zugleich mit dem eingeschlossenen Hinweis, daß alles dies in lebensüberspannenden Zusammenhängen wirke.

Jedenfalls ist auch das Greisenalter eine Schule, und die Alten sollen im Erkenntnisstreben verbleiben. Selbst in vorgerückten

Jahren hält der Spannungszustand an, denn durch eine schwere Verfehlung kann das gesamte bisherige Leben unter den Makel der Vergeblichkeit rücken und frühere Leistungen auslöschen. Mithin ist Comenius auch als einer der entscheidenden Vordenker einer *Gerontagogik* einzuschätzen. Wenn nämlich das Alter als hinfällige Lebensstufe gilt, so werden Stützen in unterschiedlicher Hinsicht erforderlich, denn „Greise haben ihre eigenen Fehler". (P 281) Dies ist eine der dialektischen Aussagen von Comenius: Wenn einerseits im Grunddokument von Judentum und Christentum den Nachwachsenden aufgetragen ist, das Alter zu ehren (4. Gebot), so verbleibt der Spruch unter Vorbehalt. Die bejahrte Generation hat selbst den Nachweis zu erbringen, verantwortlich gehandelt und die Lebenswerkzeuge unbeschmutzt weitergereicht zu haben. Dies macht wohl deutsche Zeitgeschichte so schwierig, weil erstmalig die Frage an eine Elternschaft erging, wie man der mörderischen Ideologie des Faschismus habe aufsitzen können und die Nachkommen mit untilgbarem Makel über Deutschland fortan belastete? Doch ist mit der jahrzehntelangen strengen Erinnerungsarbeit in Deutschland manches vorangekommen, was für andere Gruppen und Völker noch aussteht.

Die Arbeit soll den Menschen auch im Greisenalter begleiten, weil Arbeit nach biblischem Zeugnis als synonym für Leben einstellbar ist (P 283), doch ist auch dabei die Weisheit unerläßlich: Was bereits getan ist, nicht erneut anzugreifen; es muß als Geschichte zurückgelassen werden. Eine Verfehlung alter Menschen mag auch darin bestehen, Umstellungen und Korrekturen nachzufordern und ihre Umwelt damit zu irritieren, daß sie Lebensgeschichte umschreiben möchten. Manchen ist dabei nur schwer zu vermitteln, daß sie mit ihrem Wirken immer auch in das Leben anderer eingriffen und deren weiteres Dasein unwiderruflich veränderten. Mithin müßten sie auch das Dasein ihrer Zeitgenossenschaft umstellen, sogar das der Verstorbenen. Freilich kann es zur Verzweiflung geraten, ein neues Leben nachzufordern, wo alles Versäumte eingebracht werden solle. Das hat *Hugo v. Hofmannsthal* in seinem Drama „Der Tor und der Tod" ergreifend dargestellt.[7] So käme es darauf an, zum Begriff der Versöhnung durch unnachgiebige Erinnerungsarbeit, die sich jeder Selektion versagt, aufzusteigen. Für Comenius hieß das, sich im Angesicht Gottes der Nachfrage zu stellen und dabei Gnade als Hintergrund zu erhoffen. Auch die urtümlichen philosophischen Begriffe sind hilfreich, auf die Comenius sich bezieht: *cogitatio* als Äußerungen von Verstand und Vernunft, *meditatio* als Nachdenken über die Vergänglichkeit und *contemplatio* als Versenkung in das Wirken Gottes (P 284). Der beste Teil des Philosophierens wäre, Sterben gelernt zu haben. Dabei ist auch von *Tugenden* die Rede, die sich nach Lebensphasen unterscheiden. Die alte Generation solle alltäglich darum bemüht sein, „dem Leib und der Welt abzusterben, die Nichtigkeiten des Lebens hinter sich zu lassen und nur ernste Dinge zu tun, sich selbst und den anderen zum sicheren Nutzen." (P 285) Diese Vorhaltung am Anfang des 21. Jahrhunderts vernehmlich und verständlich zu machen, bereitet Schwierigkeiten, denn Jugendlichkeit hat eine geradezu imperiale Geste angenommen. Findige Modeschöpfer bedienen die Alternden und suggerieren ihnen Unverbrauchtheit. Indessen führt Comenius auch ein sportliches Beispiel an, den „Wettläufer im Stadion", der sich vor dem Ziel besonders angespannt verhalten müsse, um nicht den Sieg durch Straucheln einzubüßen (P 288). Doch ist erkennbar, daß hier nicht von beliebiger Konzentration auf ein neutrales Ziel die Rede ist, sondern vom letzten Ausblick: den von Gott bestimmten Tod ohne Hader anzunehmen.

Er spricht von den drei Stufen des Greisentums: dem rüstigen, dem beschwerlichen und dem sich neigenden Alter (P 285), dem jeweils anderes Wirken und andere Vorsorge gebühre. Manche der alten Leute nämlich „verlieren das Augenlicht, andere den Verstand, wieder andere werden eigenwillig, schamlos, aufgeblasene Kerle, Eigenbrötler, Toren, Gottlose und Abtrünnige." (P 288) Angesichts solcher Umstände wird empfohlen, jeweils letzte Willensbezeugungen zu hinterlassen, mögliche Erbschaften gerecht zu verteilen, testamentarische Verfügungen zu treffen. (P 292) Abschließend vergleicht Comenius Geburt und Tod hinsichtlich ihrer emotionalen Komponenten miteinander. Niemand mußte seine Geburt fürchten, warum aber dann den ebenso vorgegebenen Tod? Beides werde von Gott veranlaßt, und nur „die Menschen dieser Welt" zitterten vor dem Ende (P 293). Es gelte nicht nur der Welt, sondern auch sich selbst abzusterben (P 294).

Die letzten pädagogischen Überlegungen der „Allerziehung" galten der Schola mortis (Schule des Todes). Wesentliche Vorüberlegungen dazu waren in die Ausführungen über das Greisenalter bereits eingegangen, doch meint Comenius, daß dem „seligen Sterben" zusammenhängende Ausführungen gewidmet sein sollten, also eine achte Schule darzustellen bliebe. Aber das 1935 aufgefundene Dokument enthält darüber nichts; entweder hat Comenius diesen Text nicht mehr geschrieben, oder die Blätter sind mit vielen anderen verloren gegangen. Wir müssen daher versuchen, für einen pädagogischen Brückenschlag die Grundbefindlichkeit des damaligen Repräsentanten zu verstehen: Comenius ist immerhin der *Praeceptor Europeae*, dem niemand im Rang gleichkommt, um bei ihm Rat einzuholen. Dazu bedienen wir uns eines Mediums, das vermittelt und erschließt. Als solches gilt die Poesie, weil sie sich als Ursprache der Gattung darbietet, über Trivialität wie Erhabenheit gleichermaßen verfügt. Sie eröffnet mithin Befindlichkeit als Lebensabfolge, ermöglicht Ausdruck.

In den poetischen Nachlässen der Jahrhunderte ist sinnfällig aufbewahrt, was Menschen ersehnt und gefürchtet haben, wie sie sich im Zuspruch zu festigen suchten und damit ihrer Identität habhaft wurden. Lyrik läßt sich als Ausleuchtung von Innenräumen und deren angemessener Mitteilung fassen. Sie ist Anzeige von Befindlichkeit, Wechsel in der Wahrnehmung, Abstoß drückender Lasten. In lyrische Texte kann der vielfältig geführte Dialog mit dem Unendlichen eingehen, weil unsere Endlichkeit nach Auskunft verlangt. Die von Comenius geführte pietistische Sprache mit dem Brennpunkt des göttlichen Erlösungshandelns läßt sich deshalb auch in säkulare Texte übertragen, wozu Dichtung ihre Kräfte bietet. Sie ist ein schöpferisches Medium je mehr die Person sich einhört, vielleicht sogar darin verliert. Wenn die religiöse Botschaft einen Menschen trifft, so bleibt er kaum unverwandelt. Im Zentrum christlicher Verkündigung heißt es sogar, der Mensch müsse seine bisherige Existenz auslöschen, um weiteren Fassungen entgegen zu sehen. „Offenbarung" ist kaum etwas anderes, als für neue Sphären fühlsam zu werden, die zuvor, obwohl immer schon erschließbar, nicht wahrgenommen wurden.

Dabei taucht die Frage auf, welches die Schwingungen des comenianischen Denkens seien, wo die Klammer zwischen Theologie und Pädagogik, zwischen Glauben und erzieherischem Handeln liege. Auch geht es um die Erwägung, ob Zahlen dafür nützen könnten, denn mathematische Entwürfe repräsentierten für ihn und manche seiner Zeitgenossen den Begriff der Wissenschaft, denn in seiner Epoche begannen die grundstürzenden naturwissenschaftlichen Erkenntnisse. Für ihn galt, daß strenge Wissenschaft und biblische Vorgaben keineswegs widersprüchlich gerieten, weil Gott selbst die große himmlische Rechenkunst darbiete und durch wissenschaftliche Einblicke erste astrophysikalische Kombinationen ermögliche. Die von der Römischen Kurie veranlaßte Verurteilung des neuen heliozentrischen Weltbildes, durch *Kopernikus*, *Galilei* und *Kepler* gestiftet, war für den Protestanten Comenius ein Skandal. Sein gesamter Lebenslauf erschloß ihm das Machtkalkül: aus dogmatischer Enge das Weiterdenken in den Bahnen der fortgeführten göttlichen Schöpfung nicht zu dulden, wissenschaftliche Mündigkeit zu verwerfen, die doch immer nur das Handeln Gottes tiefer zu verstehen lehre. So vermittelt die trinitarische Fassung im Apostolicum als Dreizahl symbolische Kräfte der Urdialektik vom Entstehen, Blühen und Vergehen. Diese heilige Dreieinigkeit läßt sich auf das pädagogische Werk – die Pampaedia – übertragen und damit in gedankliche Fassung überführen, indem zu fragen bleibt, wie seine Existentiale im Laufe des Lebensganges lauteten und wie er sie der böhmisch-mährischen Brüderunität zu vermitteln suchte, um deren Anhänger in der Lebensführung zu festigen und die Kategorie des Verlustes einzubeziehen. Denn erst die Geschichte dieses kleinen wandernden Gottesvolkes erschließt, welche Kräfte im Subjekt nötig sind, wenn die Botschaft des Neuen Testaments in der Abfolge von Krisen steht und die übliche oberflächliche Sicherheit plötzlich zerfällt, der Entscheidungscharakter des Lebens unter metaphysische Nachfrage gerät. Drei Existentiale werden kenntlich: 1. Lebensvollzug ohne Voraussagbarkeit; Haftung und erzwungene Aufbrüche. Suche nach Sinn; 2. Das Verhältnis zum Eigentum: sein unwiderrufliches Entgleiten; 3. Liebe und Gefährtenschaft unter ungewissem Abruf.

Für diese Dreiheit braucht es im Kontext Heiliger Schriften keinerlei Exempel. Sie berichten allesamt davon, daß der im Glaubensleben und in vermeintlich religiöser Praxis Gefestigte von mehr oder minder schweren Einbrüchen in sein geläufiges psychisches Sicherheitsnetz betroffen wird und die *Versuchung* erfährt, dem bisherigen Glaubenssystem (das kein religiöses sein muß) abzuschwören, seine Verlassenheitsängste unterschiedlich zu kompensieren. Nicht selten wird das durch exzessive Genußsuche oder umgekehrt durch depressive Abbrüche begleitet. Das große literarische Muster für diese Vorgänge ist das Buch *Hiob* im Alten Testament, in dem sich alle Windungen auf der Stellschraube von Anklage, Protest, Zweifel, Rechtfertigung und Freispruch anzeigen.

Die drei genannten Existentiale sind in der Sprache „weltlicher" Poesie aufzufinden, dabei wird kenntlich, daß Comenius tatsächlich dreifach von diesen Wechselfällen betroffen wurde: Heimatpreisgabe, Haus- und Besitzverlust mit der Vernichtung seiner Schriften und schließlich im Tod nächster Angehöriger. Drei lyrische Zeugnisse wurden gewählt, die zur Weiterführung der hier angestellten

Überlegungen dienlich sein können. Das Zahlenspiel mit den drei Gedichten und ihren drei Existentialien des christlichen Glaubens sollen keine Zahlenmystik heimlich einfädeln, doch stellt die Dreigliedrigkeit eine Urchiffre der Religionsgeschichte dar, die wohl mit der Sichtbarkeit des dreifachen Gestaltwandels des Menschen zusammenhängt: Kindheit, Erwachsenenalter, Greisentum. Diese Gliederung steckt bekanntlich auch im Rätsel der Sphinx gegenüber *Ödipus*, welches Tier sich morgens auf vier, mittags auf zwei und abends auf drei Beinen bewege. Ödipus löst das Rätsel: der vierbeinig kriechende Säugling, der Erwachsene auf zwei starken Beinen und der Greis sozusagen dreibeinig mit dem Stock. Die drei Poeme entstammen dem 20. Jahrhundert, in dem, wie bereits bemerkt, das Hauptwerk von Comenius *zufällig* entdeckt wurde; er selbst könnte fragen: wer läßt „zufallen"? Die Sprachkunstwerke sollen als Medien dienen, einen imaginativen Epochenwechsel zwischen dem 17. und dem 21. Jahrhundert – also zwischen Comenius und uns – zu ermöglichen und damit das Unvorhersehbare als Signatur des menschlichen Lebens zu begreifen, es als Wirken der Gottheit oder als blindes Fatum vorüber ziehen zu lassen.

Das erste Gedicht schrieb Werner Bergengruen (1892-1964); die Überschrift lautet „Wandlung":

Löse dich von Haus und Haft,
Eh' der Herd verglimmt,
Denn zu Gottes Wanderschaft
Bist du vorbestimmt.
Raste stumm am falben Rain,
Laub ist braun gehäuft,
Da der graue Bitterwein
Aus der Wolke träuft.
Hufschlag hart am Straßenbord,
Wagenspur und Tritt
Löscht der blasse Regen fort
Und dich selber mit.

Die schlicht anmutenden Verse widersprechen heutiger Lebenserwartung, denn sie fordern in altertümlicher Sprache mit überholten und verdrängten Flüchtlingsbildern, daß jemand sich unter *Vorbestimmung* befinde und mit einer *verborgenen* Hand zu rechnen habe, die sich angesichts der Freiheitsvorgabe für den Menschen verweigern ließe. Dem Seelsorger bot dieser Aufriß den Ansatz zur europäischen Diaspora-Gemeinde, die an verschiedenen Plätzen nur toleriert und befristet weilen durfte, durch harte Arbeit für den Lebensunterhalt zu sorgen hatte. Darin Sinnstiftung zu versuchen, war damals wie heute nicht prinzipiell unterschieden, nur die Bühne tauschte sich samt deren Requisiten. Doch theologische und pädagogische Sinnstiftung konvergieren: Menschen auf das geoffenbarte Wort zu verweisen und sie zu ermutigen, gegen Trägheit und Verzagtheit lernend aufzustehen. Das ist die erste Vorgabe zur wahrhaften, d. h. auch politischen Justierung des comenianischen Lebenswerks. An den Versen ist die Übersetzung in gegenwärtige Praxisfelder fortzuführen.

Das zweite ausgewählte Sprachkunstwerk bezieht sich auf die gegenständliche Welt, die mit ihrer aufdringlichen Fülle die Seele zu betäuben und einzunehmen versucht. Mit der Eigentumserklärung vollzieht sie die entschiedene Abgrenzung gegenüber Nachbarlichkeit.[8] *Immanuel Kant* spricht daher von der „geselligen Ungeselligkeit" des Menschen.[9] Der Dichter nimmt einen befremdlichen Perspektivenwechsel vor, indem das erworbene Ding seinem Eigentümer zuraunt und ihm dessen Leben großphasig erschließt, wie einen Film ablaufen läßt. Nun ist das Haus jener sachliche Teil des sozialen Lebens, der mit größter Sicherheit dem Subjekt zugerechnet wird und sich als unstreitiges Eigentum demonstriert. Wilhelm v. Scholz (1874-1969) gab seinen Strophen die Überschrift „Das Haus spricht":

Du hast mich aufgebaut. Tritt in mein Tor.
Dir schweben ernste stille Jahre vor,
Die du einschließen willst in meine Mauern.
Die Jahre werden fliehn, ich werde dauern.

Ich werde deine Seele – die nun hier
in Gang und Zimmern wohnen wird in mir,
Die von der Straße mich umfassen wird,
Mich dunkel werden sehn im abendlichen Garten –
In jeder Dämmerung mit Licht erwarten,
Wie einen Gast, der in der Fremde irrt.

Indes du lebst, werd' ich dich altern sehn,
Wenn Traum um Traum in mir zu Boden gleitet,
Die leuchtend noch vor deinem Auge stehn,
Und Sehnsucht, die dich bis zuletzt begleitet,
Stiller von Jahr zu Jahr durch mich hinschreitet.

Du wirst von mancher Reise wiederkehren,
Und immer größer, leerer werd' ich sein.
Auf Wand und Büchern wird der Widerschein
Von deiner Lampe jeden Abend währen.
Doch immer fremder taucht dein Kopf hinein.

Und eines Abends spät gehst du zur Tür.
Du horchst. Vergessene Stimmen rufen dir.
Du drehst das Schloß. Du stehst in Nacht und Wind,
Der durch das Herbstlaub deines Gartens rinnt,
Und atmest tief auf, weil in kurzer Frist
Du wieder unbehaust, frei, Seele bist –

Ich bin zu deinem Einzug heut geschmückt.
Du kennst dich nicht. Tritt ein und sei beglückt!

Die Sprachkraft dieses Gedichtes nimmt ein, weil ein Leser wie im Zeitraffer sich selbst unter Gestaltwandel schauen kann. Es läßt sich vorstellen, wie Comenius mit seinem wandernden Gottesvolk

Häuser und Quartiere zu beziehen und zu räumen und den jeweiligen abendlichen Kerzenschein zu nutzen hatte, um die fortgeführten Gedanken im schriftstellerischen Lebenswerk auf Bögen und in Schrift zu versenken, für Nachwachsende zu sichern. Im gegenwärtigen Umfeld wäre wahrzunehmen, wie über die Wohnstätte weit hinaus viele Dinge, auch manche Luxusgüter, unabdingbar dem Subjekt zugerechnet werden, so daß ihr Verlust mit Verarmungsängsten einherginge. Dies meint die Verfallenheit an die Sachenwelt, an ihren *Fetischcharakter*. Manche Industrien nehmen sich der Verführbarkeit mit ausgetüftelter Warenästhetik an. Alles dies rechnete in biblischer Sprache zu den „Schätzen auf Erden", die den Blick auf das Bleibende verstellen.

Das dritte poetisch eingefaßte Beispiel gilt dem Feld von Liebe und Zuneigung, unserer nächsten Beziehung also, in die immer auch tragische Momente eingeschlossen sind. Dieses Beispiel war geboten, weil Comenius davon unmittelbar betroffen wurde. Georg von der Vring (1889-1968) gibt seinem Gedicht die Überschrift „Nie genug":

Bei meines Lebens Narretei'n,
da ward ich einmal klug,
ich liebte mich in dein Herz hinein,
und tat's doch nie genug.

Dein Mund so schön, dein Auge klar
war alles, was ich frug ,
bis daß ich gar verwandelt war,
und war's doch nie genug.

Du wurdest unsre Mutter dann,
die meine Kinder trug,
ich saß bei dir und sah dich an,
und tat's doch nie genug.

Und als das Unheil lauerte,
und als der Tod dich schlug,
da weint' ich hin und trauerte,
und tat's doch nie genug.

Wie dank ich's dir? Das Leben hier
ist eines Vogels Flug.
Was ich noch bringe, bring ich dir,
doch nie und nie genug.

Comenius verlor seine erste Ehefrau mit den Kindern durch eine Seuche 1622, die zweite Gattin starb 1648. Damit wurde dem tschechischen Reformator ein Teil der psychischen Aufbaukraft entzogen, die vor allem im engen Familienkreis erfolgt, trotz der auch darin verborgenen Konfliktpotentiale. Die biblische Kennzeichnung für diese äußerste Verlusterfahrung lautet *Heimsuchung,* und sie mußte bestanden werden, sofern die reformatorische Theologie samt der sie umgebenden pädagogischen Wirksamkeit dem Bewährungsdruck standhalten sollte. Dabei bleibt ohnehin von der unsäglichen Verkitschung der Gefühle abzusehen. Unschwer fädelt sich der Gedanke ein, es gebe den *einen* Menschen, der unter Millionen auffindbar sein müßte und so zu einem paßte, daß bei ihm die vollständige Befriedigung sämtlicher Bedürfnisse und Wünsche, die viel zitierte Geborgenheit nachfolge. Kaum wird auf das Subjekt zurückgefragt, ob es denn seinerseits liebesfähig und liebenswürdig sei. Auf diesem Marktsektor wirkt die *Infantilisierung* exzessiv. Liebe als partnerschaftlicher Aufbruch, Bereitschaft, auch Widerspruch, Zorn, Gewalttätigkeit, Erschöpfung und Ekel gemeinsam zu bearbeiten, stellt sich als Herausforderung, die sich der billigen, gleichsam im Katalog verfügbaren Ware entzieht – Comenius ging 1649 eine dritte Ehe ein.

Mit dieser Reflexion poetischer Zwischenfassungen eines vor Jahrhunderten entwickelten Gedankengebäudes läßt sich dessen Transformation versuchen. Wir stehen in grundlegend veränderten

Theorie- und Sachzusammenhängen und zudem unter schwer vermittelbaren persönlichen Verzichtforderungen. Das Erziehungswerk des tschechischen Reformators muß in heutige Verhältnisse umgedacht werden. Die Resultate sind zu verdolmetschen. Versucht wird die poetische Umsetzung, die von der Vorstellung ausgeht, daß die Kunst als menschheitliches Medium unterschiedliche Epochen miteinander in Verständniszusammenhänge bringen könne. In den drei ausgewählten Poesien ist der Radius des Daseins auszumachen. In weitergehenden Überlegungen wäre zu fragen, wie sich der von Comenius entworfene Gesamtlehrgang, um Generationen versetzt, neu fassen, wie die durch ihn entworfene *Vorschule praktischer Pädagogik* sich für die Gegenwart anlegen ließe.

Kapitel III: Übersetzungsversuche comenianischer Lektionen

Comenius wollte eine *allgemeine Beratung* über die Verbesserung der menschlichen Angelegenheiten einleiten, den Blick dafür erschließen, daß die Erde dem Menschengeschlecht zur fürsorglichen Nutzung übertragen sei, daß aber solche Fürsorge wiederum nur zustande käme, sofern sie durch systematische Belehrung angelegt und wiederholend vertieft würde. Diese Pädagogik ist letztlich eine *Repetitio universalis*, eine Pädagogik der zirkulären Erkenntnisbefestigung, damit auf ihr gesichertes Weiterdenken in jeweilig neuen Weltverhältnissen vorankäme. Die Wahrheit wurde durch Offenbarung in das humane Erkenntnisspektrum eingelassen; sie meint die Wahrheit der menschlichen Freiheit, welcher eingeräumt ist, sich auch verweigern, dem Einblick in Schöpfung, Verfehlung und Erlösung versagen zu können.

In solchem Zwiespalt verläuft Geschichte und breiten sich die Aktionsfelder aus. Um das Handlungsspektrum in Hinsicht auf die Vorläuferschaft zu vergleichen, wurden die drei poetischen Chiffren als säkulare Übersetzungshilfe und als dichterische Einstimmung bemüht, indem sie angesichts von Heimatlosigkeit, des Verlustes grundständigen Eigentums, des Todes nächster Menschen auf weltliche und geistige Bodenhaftung verwiesen. Für Comenius waren es reale Erfahrungen; in den ausgewählten Gedichten standen dafür künstlerische Ausdrucksformen, die Religion und Weltlichkeit gleichermaßen erschlossen und darum die vor allem von der Kunst her möglichen Vermittlungen versuchten. Das trägt zum Verhältnis von Religiosität und Säkularität bei, schafft offene Fragehorizonte, denn beiden Manifestationen ist gemäß eigener Herkunft daran gelegen, dem Guten voran zu helfen.

Nun veranlaßt freilich das religiöse Stiftungsprojekt, die jüdische Tora wie die Botschaft des Neuen Testaments, Rückfragen, warum mit der Verkündigung dieser Botschaft mannigfacher Schrecken und anhaltende Verstörung einhergingen. Das begann in der spätrömischen Phase, als Kaiser Constantin 313 n. Chr. die neue Religion aus Palästina von den bisherigen Verfolgungen ausnahm, was mit dem Kaiserkult zusammenhing. Das als heilig erachtete Zentrum konnte nicht dulden, Staatsangehörige sich weigern zu lassen, ihr Opfer vor den Staatsgöttern zu vollziehen. Das Christentum wurde fortan toleriert, *religio licita*. Aber bereits 380 unter Kaiser Theodosius I. erhob man es zur Staatsreligion. Römisches Papsttum und das jeweilige Kaiserhaus erschlossen sich füreinander, und so blieb es während der nachfolgenden Jahrhunderte; das Ganze war eine historische Einmaligkeit. Doch ist eben die Religion der Barmherzigkeit und Liebe, wie sie keine andere weltanschauliche Lehre als Vergebungsbereitschaft hinsichtlich der Feinde proklamierte, oft genug in ihr Gegenteil umgeschlagen. Wer sich die Kette der Gräueltaten vergegenwärtigt, muß wohl *Karlheinz Deschner* zustimmen, der von einer „Kriminalgeschichte des Christentums" spricht und eine Kette schwerer Verfehlungen benennt.[10] Damit läßt er sich auch in die Tradition von J. A. Comenius stellen, der die allgemeine Verbesserung davon abhängig machte, daß Fehler aufgespürt und analysiert würden, denn dazu habe Gott den Menschen die Vernunft eingepflanzt. Die böhmische Brüderunität mußte erkennen, daß eine mit weltlicher Macht ausgestattete, ihr sogar assoziierte Kirche immer bereits Sensibilitätsverlust dafür einschließe, daß Kirche als reformbedürftig zu fassen sei (semper reformanda), eben das fortzuführen, was von *Wiclif*, über *Hus, Luther, Zwingli, Calvin* u. a. angestoßen wurde. Damit bewahrte der Protestantismus jene existentielle Aufbruchsstimmung gegen die allenthalben drohende klerikale und kultische Verfestigung, die Abwehr einer in Subjekte verlagerten Heiligkeit.

Protestantismus meint mithin den Kampf um die Gewißheit, daß der Schöpfergott allen Menschen Glaubenskräfte schenke, die jeweiliger Förderung und Erziehung bedürften. In diesem Ringen verbürgt keine Institution Sicherheit. Nach biblischer Lehre gibt es eine „heilige Kirche" nicht, sondern jeweils nur Menschen, die miteinander als *Gemeinde* ringen, ihre Überzeugung austauschen, wachsende Erkenntnis im Umgang mit Gott erstreben. So ist Protestantismus, wie *Martin Luther* ihn unter vielen seelischen Qualen und Selbstzweifeln auslöste, eine argumentative Offerte, das Gespräch mit Gott von unten aufzunehmen, ohne einer spezifisch geheiligten Zwischenperson oder eines Fürsprechers zu bedürfen. Verschwiegen werden soll nicht, daß auch der Protestantismus weltlicher Macht verfiel, die Waffen segnete und den in Deutschland aufkommenden Faschismus begünstigte. Die *Deutschen Christen* führten den *Arierparagraphen* für den kirchlichen Berufsdienst ein. In Adolf Hitler sahen manche eine neue Manifestation göttlichen Heilswillens. Dieser Irrwitz belegt, wie der Glaube selbst in Hybris umschlägt, sobald er sein Vademecum im Anruf der Transzendenz verfehlt.

Von hier aus sind einige Schwerpunkte praktischer Pädagogik zu erörtern, für die sich das Werk von Comenius darbietet, denn er wollte *allen* Menschen (omnes) *alles* Wissenswerte (omnia) mit jeder brauchbaren Methode (omnino) zugänglich machen. Der tschechische Protestant und Schulreformer hat das bis heute nicht eingelöste Desiderat gekennzeichnet: Anstelle der zahllosen Wissensbrocken, die in jedem Typ von Schule vermittelt werden, belehren und betäuben können, ist eine Umstellung erforderlich. Comenius verlangt den Schlüssel zum Ganzen. Jenes *Omnia* fordert daher eine anthropologische Vorentscheidung über den Menschen als das zur Universalität bestimmte Wesen, das Zusammenhänge braucht. Läßt sich diesem Aufriß beipflichten, so bleibt allerdings *das Ganze* definitionsbedürftig. Folgt man der Argumentation, so rührt es aus der Schöpfung Gottes, die dieser dem mit Erkenntnisvermögen

ausgestatteten Menschen zur eindringlichen Orientierung überant-
wortet. *Johann Gottfried Herder* (1744-1803), Theologe und För-
derer Goethes, hat dafür die Formel geprägt, der Mensch sei „der
erste Freigelassene der Schöpfung".[11] Anders ausgedrückt heißt es:
Der Mensch bleibe ein natürliches Wesen unter allen Zwängen und
Bedürfnissen, die sich aus seiner vitalen Ausstattung melden. Aber
als *Freigelassener* werde er zum selbsturteilenden Geschöpf und
brauche den natürlichen Impulsen nicht zwanghaft zu gehorchen.
Er muß sich auf der Bahn von Gedanken und Entwürfen aufbauen
und bewegen. Daher ist das comenianische „Alles" zuerst in Richtung der menschlichen Konstitution zu denken. Menschen sind
Wesen zweier Seinsbereiche: physiologische Grunddaten seien mit
intellektuellen Bestimmungsgrößen in Einklang zu bringen, in
günstigen Fällen zu versöhnen. Dem Tier wird der Instinkt geschenkt; dem Menschen sollen die Werke Gottes zur *Ehrfurcht*
verhelfen. Das aber ist nur durch Arbeit an der eigenen Person zu
vollziehen. Mithin sind positive Veränderungen auch auf globalen
Konfliktfeldern nur vorstellbar, sofern die Zahl jener Menschen zunimmt, die solchen Ausgleich in sich selbst zu vollziehen vermögen und sich damit *freisprechen*, den Austausch in Hinsicht auf
Friedensfähigkeit vorantreiben. Das comenianische „Alles" meint,
in der Rotation von Wissenspartikeln das Grundwissen zu festigen.
Es besteht in der Bedrohtheit unserer Gattung, ist also Wissen über
den Menschen, d. h. über sich selbst. Ließe sich dies für *alle*
(omnes) einleiten und würde dafür jede brauchbare Gelegenheit
(omnino) genutzt, so könnte man von einer Perspektive auf Zukunft
sprechen, die Menschen würden ihre Geschichte gestalten, brauch-
ten deren Abfolge hinfort nicht nur als Leidende zu erfahren. Das
siebenbändige Hauptwerk von Comenius lautet entsprechend: Allgemeine Beratung über die *Verbesserung* der menschlichen Angelegenheiten.

Als der zur lebenslangen Wanderschaft gezwungene letzte Bischof der böhmisch-mährischen Volkskirche in Europa wirkte,

wuchs langsam auch das Zeitungswesen und förderte die öffentliche Meinung. Die Alphabetisierung kam voran. Menschen wurden ermutigt, Einspruch zu erheben, wo immer Verhältnisse korrekturbedürftig erschienen. Ein demokratisches Gemeinwesen fand erste Konturen, und das nachfolgende Jahrhundert brachte mit der Französischen Revolution von 1789 die große Trias von *liberté, égalité, fraternité,* sozusagen das weltliche Pendant zur göttlichen Trinität.

Damit sind wesentliche Vorgaben gekennzeichnet, unter denen wir uns in der Spätmoderne befinden und in das 21. Jahrhundert gelangten. Die Grundfrage von *Kant* ist bestehen geblieben: Was ist der Mensch?[12] Hatten Comenius und die protestantischen Christen um Glauben gerungen, mit ihren Zweifeln zu kämpfen und nach Gewißheit gesucht, so veränderte der naturwissenschaftlich-technische Schub das Umfeld gänzlich. Wir alle leben in vornehmlich fremdbestimmten Verhältnissen, und Apparate vermitteln die Kontakte, in denen unaufhörliches Gerede in Satzfragmenten wabert. Die Frage, wer wir sind, ist in den Untergrund verwiesen, kaum bearbeitungsfähig und bleibt dispensiert. Das aber schafft weitere Unpäßlichkeiten. In der notwendigen Verwertung der jeweiligen Arbeitskraft muß das Subjekt seine Qualitäten im stetigen Bewerbungszirkel vor anderen einnehmend und gefällig erscheinen lassen. Das gilt besonders für Deutschland, wo seit altersher im patriarchalischen Umfeld des Staates Anstellungen, Beförderungsroutine und stabile Rentenkassen winkten. Die Aussicht auf nur noch wenige gesicherte Beschäftigungen, die Absenkung des Lohnniveaus bei steigenden Preisen, Verteuerung der Lebenshaltungskosten insgesamt zwingt die Zeitgenossenschaft zur Politur ihrer marktgängigen Qualitäten.

Diese Umstände versetzen die Person in merkliche Unsicherheit. Ihrer psychischen Ausstattung nach kann sie sich wie Comenius in ihrer Geschöpflichkeit um Glaubenshalt bemühen oder etwa von der Evolutionstheorie her sich in kosmischen Verhältnissen wähnen und dabei eine florierende Wirtschaft, die sie selbst verantwortet und lenkt, als Kompensation auffassen. Große ökonomische Einbrüche, die wir erleben und die zunehmend ihre Voraussagbarkeit verlieren, umfängliche Wirtschaftsimperien als Abbruchfläche zurücklassen, vermitteln vor allem Ohnmachtserfahrungen. Als wirtschaftsbestimmendes Subjekt durfte der Einzelne sich noch an seine bürgerliche Autonomie und politische Souveränität klammern. Nunmehr zeigt ihm das Kapital sozusagen die Fratze: das gänzlich gleichgültige Hinwegschreiten über alle zwischenmenschlichen Belange. Denn das Kapital hat kein Gesicht und kein Gewissen, sondern verfügt nur über *Charaktermasken*, die in den Medien aufblenden und dazu verführen, sie für Menschen zu halten, weil entsprechende Darstellung antrainiert wird. Schon im *Kommunistischen Manifest* von 1848 hat Marx das Gesetz des Kapitalismus dargelegt: Er muß das kaum Fertiggestellte um der Aussicht auf steigende Profitraten wiederholt abbrechen, wobei das soziale Schicksal der Produzenten des gesellschaftlichen Reichtums – also der Arbeiterschaft – kaum als anteilnehmender Faktor in Erscheinung tritt.

An dieser Stelle steht das Subjekt, das selbst etwas sein will und nicht als bloßes Anhängsel einem neutralen Gesetz unterworfen bleiben möchte, vor der Frage nach dem Kern des Seins. Sich als Zufall, als taumelndes Blatt im Winde aufzufassen, ist mit dem Stolz des Menschen schwer vereinbar. Daher käme der Glaube an einen gnädigen Schöpfergott, der sich als Vater jedes Menschen zu erkennen gibt und ihm Schutz verheißt, einer Heimkehr in die Anfänge des Seins gleich. Dafür aber zeichnen sich Tendenzen kaum ab. Die Menschen wissen zu viel Unverbundenes, also das, was Comenius für schädlich hielt, haben mit der Wissenschaft um zahllose Ecken gespäht. Wie sollte man sich dann einer biblischen Legende anvertrauen? Der Psychoanalytiker Horst-Eberhard Richter beschreibt die moderne westliche Zivilisation als psychosoziale Störung: die mittelalterliche Ohnmacht des Menschen sei in den Anspruch auf egozentrische gottgleiche Allmacht umgeschlagen.[13]

Der angstgetriebene Machtwille litte darunter, nicht mehr leiden zu können. Die Wahrnehmung der eigenen Belanglosigkeit im Rahmen ökonomischer Prozesse liefe auf eine Überlebensfrage der Menschheit hinaus. Die technische Machtfülle der Industrienationen kann militärische und technologische Effekte bewirken, die äußerlich imponieren, den Menschen in seiner Frage nach dem Sein aber unberührt lassen. Heute geht es ums *Überleben durch Bildung,* wie H.-J. Heydorn formulierte.[14]

Der hier skizzierte Engpaß des Subjekts wirkt sich unmittelbar auf das Zusammenleben aus, denn die Feststellung von *Aristoteles,* der Mensch sei ein *geselliges Lebewesen,* wird mannigfach konterkariert. Was im Hirtendasein und in der einfachen Agrikultur noch durch arbeitsbedingte Distanzen verhalten blieb, hat sich durch Handwerk, Manufaktur und frühindustrielle Arbeitsformen grundlegend verändert. Der Mensch kann dem Gesicht des anderen kaum entgehen, und manche von ihnen sind abschreckend und lösen aus oft unbewußten Impulsen aggressive Strebungen aus. Damit birgt die Vereinbarung notwendiger kollektiver Arbeitsverrichtungen eigene Schwierigkeiten. Verachtung und Haß sollen abgeschirmt bleiben, weil die Konvention es gebietet. Verfeinerte Heuchelei, höfliche Gleichgültigkeit, simulierte Anteilnahme sind gefordert.

Untadeliges Benehmen läßt sich optisch relativ rasch herstellen. Wer Anstöße vermeidet, trägt freilich vieles zur Einhaltung organisatorischer Vorgaben bei; unter welcher Gesinnung es indessen geschieht, bleibt unkenntlich. Jeder weiß, wie rasch sich über Abwesende herziehen läßt und auf deren Kosten hämisches Vergnügen abrufbar ist. Mit dem Neologismus sexuelle Denunziation ist dafür inzwischen ein Begriff geprägt worden, der sich für alle Gesellschaftsbereiche eignet und Ausgrenzungen bewirkt.[15] Wenn Gesinnung qualitativ gemeint ist, so bedarf sie eines selbstkritischen Vermögens. Dazu findet sich im achten Gebot des Dekalogs eine wegweisende Anleitung mit der Erläuterung Martin Luthers.

Meist kaschiert sich eigene Schwäche mit ironischen Nachrichten über andere. Die Überschriftenmontage der Boulevardpresse belegt das exzellente technische Können ihrer Redakteure, die ihren attraktiven Zynismus dosieren und staffeln. Altruismus ist schwer vorstellbar, weil die Enge und Widersprüchlichkeit des Daseins dergleichen Ansätze immer wieder lähmen; umso mehr bleibt Mitsorge als erweiterte Wahrnehmung unerläßlich. Menschlichkeit ist aber immer auch durch Vorlieben und emotionale Beigaben gekennzeichnet. Das betrifft jene, denen wir spezifisch zugeneigt sind, also von uns Begünstigte. Die ausgewählten poetischen Beispiele, mit deren Hilfe wir die altertümlichen Muster von Comenius unserem Empfinden näher zu bringen versuchen, können voranhelfen. Solange wir uns durch geliebte Andere eingebunden wissen, besteht eine Art Schutzwall gegen andringenden Verruf. Es verbleibt sozusagen ein unerreichbarer Bezirk, eine nicht tangierbare Gewißheit. In künstlerischen Zeugnissen, die andere Form psychischer Verarbeitung des Leidens, zeigt sich solches Ringen an. Gedichte oder Erzählungen vom Sterben der eigenen Nachkommen bieten dafür starke Ausdrücke. Auch die Skulptur des Bildhauers *Gerhard Marcks* auf den Kriegstod seines Sohnes in der Gestalt eines jungen Mannes mit der Unterschrift *Ver sacrum* läßt sich dazu zählen. Wer es sich zumutet, elementare Verlusterfahrungen, die in den Strudel der Verzweiflung reißen können und den letzten Halt bedrohen, gleichwohl als Willen Gottes aufzufassen, dürfte wahrnehmen, daß dergleichen Einfügsamkeit uns weithin überfordert. Bei Hiob heißt es: „Der Herr hat's gegeben, der Herr hat's genommen; der Name des Herrn sei gelobt" (Hiob 1, 21). Unter solchen Umständen bliebe wohl nur das Schweigen. Die zum Trost Hiobs herbeigeeilten Freunde saßen zunächst sieben Tage stumm mit ihm in der Asche, ehe sie das Wort nahmen – eines der großen Exempel gegen billigen Trost und vorgedruckte Kondolenzkarten. Aus diesen archaischen Anstößen gilt es, im Rückbezug auf comenianische Lektionen und deren europäische Seelsorge zu kennzeichnen, was praktische Pädagogik heißen könnte. Die nachfolgenden Überlegungen eröffnen nur einen kleinen Teil des Problemgefüges, unter dem wir als Einzelne wie als Gattung stehen. Doch lassen sich von ihrem Ausgang weitere Fragestellungen aufschließen und Diskurse einleiten. Der Apostel Paulus bemerkte ohnehin, daß unser Wissen Stückwerk bliebe (1. Kor. 13, 9). Zuwachs im eigenen wie im allgemeinen Erkenntnisniveau belegt erst, welche Lücken sich dabei auftun.

Zu versuchen ist mithin, kollektive Entwicklungen einzuschätzen und Ursachen möglicher Bedrohlichkeit auszumachen. Das wäre eine Topographie der Gefährdungen samt deren Anlässen. Dazu ermutigt Comenius. Zwar können Menschen keine neue Schöpfung zustande bringen. Sie sollen lediglich an der *Verbesserung* der Verhältnisse unter der Gewißheit mitwirken, daß Gott seiner Menschheit nur Gutes zugedacht habe. Realanalyse und theologische Reflexion sind zu verbinden. Dabei läßt sich folgende Einsicht bemühen, die freilich auch eine Differenz zwischen jenem Denken und uns kennzeichnet: Wir festigen als höchsten moralischen Haltepunkt den Begriff *Humanität* und betreiben pädagogisch dessen Verallgemeinerung. Der angesehene deutsche Comenius-Forscher *Klaus Schaller* verweist darauf, daß „Humanismus" für den tschechischen Reformator nicht die Letztaussage hätte sein können, daß sein Ziel die von Gott geschaffene neue Welt in der *Parusie* – der Wiederkunft Christi – sei. Hier bleiben Schwierigkeiten zwischen uns und Frömmigkeitstypen im 17. Jahrhundert, die unter der *Naherwartung* des Reiches Gottes standen und das Ende unseres Äons voraussahen. Die jetzige Menschheit mag dergleichen im Pathos eines ständig neu anhebenden *Fortschritts* kaum zu denken, wie auch die Anerkennung der nachlassenden Lebenskräfte angesichts medizinischer Errungenschaften bezweifelbar wird. Mithin stellt sich die Perspektive von Comenius auf die geschichtliche Bewegung anders als die unsere. Das Verständnis hängt davon ab, ob wir ihm in der Anerkennung eines allmächtigen Gottes beizupflichten vermögen. Wo sie erfolgt, kann auch die mindere Handwerkskunst der Menschengattung als *Instandsetzer* unter dem Respekt von Werktreue verbleiben.

Als im vergangenen Jahrhundert die Energieerzeugung durch Atomkraft diskutiert wurde, stellte sich die Frage nach der Sicherheit der Atommeiler. Deren Bedrohtheit durch Erdbeben ließ sich für Mitteleuropa als relativ gering einstufen, weitere mögliche Störfälle wurden erwogen. Dabei kam auch die Ereignisverkettung zur Sprache, daß ein Flugzeugabsturz über Atomanlagen denkbar wäre. Auch diese Möglichkeit wurde berechnet und erwies sich als derartig unwahrscheinlich, daß ein solcher Unfall quasi auszuschließen sei. Unvorstellbar und darum unerwogen blieb der Gedanke, daß Menschen Linienmaschinen samt Besatzung und Passagieren in solche Anlagen lenkten. Der 11. September 2001 hat eine schaurige Belehrung nachgeliefert. Wohl war im 20. Jahrhundert die Zahl der Kriegstoten kaum faßlich. Es blieben jedoch Zahlen, hinter denen letztlich verantwortbare Staaten und Regierungen standen, und die nachfolgende Rechtsprechung, unter dem Namen *Nürnberger Prozesse* 1945/47, hat Urteile gefällt, in denen sich auch das Weltgewissen äußerte: Die deutschen Hauptkriegsverbrecher wurden durch den Strang hingerichtet. Damit waren symbolisch viele der Verantwortlichen für die unbeschreiblichen Gräuel, die sich summarisch hinter dem Namen *Auschwitz* verbergen, von der menschlichen Gemeinschaft geächtet.

Im ersten Kapitel der Genesis heißt es, daß am Anfang alles „wüst und leer" gewesen sei und der Geist Gottes über der Urflut brütete. Er verwandelte das Chaos in Kosmos durch die Kraft seines Wortes, wie der Text meldet. Alles Leben, das je auf Erden war, fand sich gebunden, denn es ging vom Schöpfer, dem Allwissenden und Allmächtigen aus. Sämtliche Lebensspuren sind daher bleibend aufgehoben. Erst heute vermögen wir anhand von Großspeicheranlagen zu ahnen, daß nichts verloren geht. Demgegenüber ist die Skepsis belanglos, die oft genug bemerkt, wie unvorstellbar es sei, daß die Gesamtgeschichte des Lebens am „Jüngsten Tag" rückläufig durchmustert und abgewogen werden solle, jeder Mensch sein Urteil empfangen, *wer* er gewesen, und die Wahrheit aufleuchte. Ahndung und Sühne bleiben unerläßlich, denn um der Gerechtigkeit willen darf Abschirmung nicht gelten, jede Tat ruft nach Revision. Darum auch benannte Immanuel Kant als Postulate der *praktischen Vernunft: Gott, Freiheit und Unsterblichkeit.*[16]

Auf dem Hintergrund eines überwältigenden Mythos, der sich als *Offenbarung* darbietet, ist die Freiheit unfaßlich: Im wahren Wortsinne für alles und zu allem freigestellt zu sein. Die Naturausstattung der Tiere dagegen ist so eingerichtet, daß sie nichts Falsches oder Böses verrichten. Erst der Anthropomorphismus der Fabel erschafft den „bösen Wolf". Die biologisch höher organisierten Tiere sind durch ihre Instinkte gesichert, das dem Erhalt ihrer Gattung Dienliche zu tun. Der Mensch ist innerhalb seiner Herkunftsreihe ebenfalls ein „natürliches" Wesen mit allen Zwängen und Bedürfnissen, die sich aus seiner vitalen Ausstattung anmelden. Aber als *Freigelassener* wird er zum Entscheidungsträger und braucht den natürlichen Impulsen nicht zwanghaft zu gehorchen, sondern muß sich anhand von Gedanken und Entwürfen eigens aufbauen. Das comenianische *Alles* ist daher zuerst in Richtung der menschlichen Konstitution zu denken, ein Wesen zweier Seinsbereiche: physiologische Grunddaten sind mit intellektuellen Bestimmungsgrößen auszugleichen, im günstigsten Falle zu versöhnen. Dies aber ist durch Arbeit der jeweiligen Person an sich selbst zu vollziehen. Folglich sind positive Veränderungen auf globalen Konfliktfeldern lediglich vorstellbar, sofern die Zahl jener Menschen zunimmt, die Ausgleich und Vergebungsbereitschaft fördern und damit Friedensfähigkeit mehren. Das comenianische *Alles* meint zudem, in der Rotation von Wissenspartikeln das Grundwissen zu festigen: es besteht in der Bedrohtheit unserer Gattung durch sich selbst, ist also Wissen über Gründe und Abgründe. Ließe sich dies für alle einleiten und würde dafür jede brauchbare Möglichkeit genutzt, so wäre

Zukunft eröffnet; die Menschen würden ihre Vorhaben in Kraft setzen.

Das Geschenk von Freiheit und Denkvermögen hat uns dazu gebracht, in langen Forschungsketten die Etappen der Kosmogenese nachzuvollziehen, aus Hypothesen relativ gesicherte Erkenntnisse aufzubauen. Was allerdings vor dem „Urknall" war, bleibt unerklärt, und Gott zeigt sich in den Fossilien nicht. Immer noch ist das Wagnis des Glaubens gefordert, Absurdes anzuerkennen, daß dieser Gott die Menschheit in ihren freiheitlichen Verfehlungen annehme. Dem anhaltend strengen wissenschaftlichen Denken ist gelungen, die Dynamik der Elementarteile zu ergründen und den Schöpfungsprozeß vom Chaos zum Kosmos umzukehren, aus Kosmos mittels Kernspaltung Chaos zu entbinden. Die aufgespürten Kräfte lassen sich dazu nutzen, unerläßliche Energien für die Industrie freizusetzen, solange spaltbares Material verfügbar ist. Damit wurden aber auch die finsteren Möglichkeiten in der Freiheit des menschlichen Verhaltens eröffnet, wie *Hiroshima* 1945 belegte.

Alles, was menschlicher Geist erforscht, ersonnen und auf Nützlichkeit abgestellt hatte, war zeitweise in relativer Verbindlichkeit verblieben. Vielfältige internationale Vereinbarungen in Hinsicht auf die Begrenzung atomarer Waffen, Reduktion von Sprengköpfen, Verzicht auf Produktion und Verwendung von Landminen usw. boten nach dem Ende des *Kalten Krieges* Hoffnung auf weitergehende Abrüstung. Ungelöste politische Ansprüche, neue Krisenherde, „Stellvertreterkriege" im Interesse der Großmächte lassen die Sorge wachsen, daß Menschenfeinde in den Besitz von Kernwaffen gelangen. Die Brücken sind noch nicht geschlagen, um Gespräche zwischen diffuser Widersacherschaft zu stiften, weil es keine legitimierten und bevollmächtigten Repräsentanten unter weithin noch stammesbezogenen, vordemokratischen und vormodernen Strukturen gibt. Hinzu kommt, daß Terroristen niemanden zu benennen vermögen, der autorisiert wäre, für alle jene vermeintlichen Befreiungsbewegungen einen Dialog einzuleiten.

Wer sich dazu bereit fände, müßte fürchten, alsbald selbst als Verräter enttarnt und dessen Schicksal zu erleiden. Weiterhin droht die Gefahr, daß wissenschaftliche Kenntnisse, besonders aus den Bereichen von Technologie und Naturwissenschaften, zukünftig gar nicht mehr an Großlaboratorien gebunden bleiben, sondern nach der Erschließung ihrer Herstellungsmuster Tötungsquanten sozusagen auch im eigenen Keller produziert werden könnten. Hinzu kommt, daß bakteriologische und chemische Waffen vermutlich weniger auffällig einzuschleusen sind als übliches Sprengmaterial.

Damit stehen wir an einer Schwelle, die in das Inferno weist. Die besten Köpfe haben darüber gebrütet, wie Friede herzustellen, Solidarität unter den Erdenbürgern zu bewirken sei. Bei einer „Allgemeinen Beratung", wie sie Comenius vorschwebte, ließen sich die pädagogischen Ansätze dazu entwickeln, die Gelder für das Globalprojekt bereitstellen. Aber an diesem Gipfel der Autonomie zeigt sich der kommunikative Bruch, weil Vertrauen und Vorbehaltlosigkeit mangeln. In einer vorläufigen Einschätzung solcher Diskurse läßt sich festhalten, daß im Geschenk des Geistes an die Menschheit auch die *Widersacherschaft* gegen die Resultate des Geistes mit angelegt ist. Die kostbare Pflanze der wechselseitigen vertrauensvollen Anrede gedeiht nur kümmerlich. Dieser Einsicht mag sich kaum jemand entziehen. Helfen dürfte allein geistiger Widerstand gegen inneren und äußeren Defaitismus, der vor allem pädagogisch anzutreten ist. Dazu kann die Beschäftigung mit dem Werk von Comenius dienen, dessen Lektüre bereit steht. Jeder ist gleichzeitig Schüler und Lehrer. (P 83 f., 299)

Das theologisch-pädagogische Denken von Comenius geht von der *Geschöpflichkeit* unseres Wesens aus, d. h. von einer Einsicht, die sich ungemein schwierig in lebenslange Lernpensen einfügen läßt. Das hängt mit der Genese des Menschen zusammen, der sich seit früher Kindheit des Aufbaus seiner Kräfte erfreuen darf und mithin ständig erweiterter Weltverfügung. Das kindliche Ergreifen von Gegenständen, das Arrangement von Sachen bis zur abständigen Disposition mit abstraktem Eigentum, das durch testamentarische Verfügung an Nachkommen oder Freunde, sogar an überdauernde Stiftungen eingetragen werden kann, läßt das Subjekt in ein Herrschaftsbewußtsein geraten, aus dem es sich nicht vertreiben lassen mag. Geschöpflichkeit ist mit *Endlichkeit* verbunden, d. h. mit bemessener Zeit. Sie bedeutete für Comenius die Unabsehbarkeit der jeweils zugestandenen Frist für das am Herzen liegende Werk, vor allem aber, es im Gehorsam gegenüber der von Gott geforderten *Ordnung* anzulegen. Bei dieser Bereitschaft, die biblisch vermittelten Gebote auch für sich selbst als unbedingt verbindlich anzuerkennen, bleibt jene Zunahme als Selbstverfügung in ständigem Gegensatz zu den in gewissem Sinne einschnürenden Vorgaben, die auf das *Reich Gottes* bezogen sind. „Der Geist ist willig, aber das Fleisch ist schwach" (Mt. 26, 41) als Zuruf fordert *Zucht*, ein Begriff, der in die Gegenwartssprache kaum einzubringen ist und als Rückständigkeit sich forsch bespötteln läßt. Dergleichen Anwürfe zu ertragen, benötigt Charakterstärke. Das Eingeständnis von Instabilität zeigt immer bereits Fortschritte in der Erkenntnis meiner selbst, sich inmitten von Zynismen zu behaupten. Ein weiterreichender Eingriff in die Selbstgefälligkeit geschieht mit dem Wagnis des Urworts *„Sünde"* (Genesis 3), das Comenius als Aufweis von Lebenslügen gebraucht (P 65), nämlich eine Existenz, die es schwer erträglich findet, sich einem höheren Wesen verdanken zu sollen und die Regulation dessen Geboten zu entnehmen hätte, jedenfalls in einem unerläßlichen Abstimmungsverhältnis verbleiben müßte. In der ihm eigenen Staffelung formuliert Comenius: „Alle müssen deshalb angeleitet werden, nicht zu sündigen, nicht zu irren und in nichts nachzulassen, worin sie Gott widerspiegeln sollen, damit sie nicht aufhören, Gottes Ehre zu heißen, und damit Gott nicht um sein Lob betrogen werde." (P 44)

Die von Comenius dargebotenen Gedanken lassen sich als *Orientierung in Zeitbrüchen* aufnehmen. Das bedeutet die Erkenntnis beständiger Gefährdung und Instabilität meiner selbst, die mich auch mit der verdrängten Endlichkeit und anhaltenden Mitverantwortung für die Epoche verbindet. Ließe sich diese Konjunktion anerkennen, so wäre der alltägliche Lebensvollzug nicht nur davon geprägt, sondern das Zeitalter auch in Hinsicht auf vereinzeltes Geschehen bei jedem Beitrag rückbezüglich. Denn hierin bestehen die großen Irritationen, daß der Einzelne sich mit den Verhältnissen nicht zu identifizieren vermag, sondern sie als ihm fremde, ihm aufgezwungene Verläufe empfindet. Freilich trägt der Abstand zu den Schaltzentralen der Macht und die Uneinsichtigkeit der Kapitalströme dazu bei, daß der Bürger kaum eine Ahnung davon gewinnt, unter welchen abgeschirmten Interessen die Realität steht; das oft berufene Ethos verbleibt ohne Klarschrift.

Noch ungewisser geraten die Verhältnisse für das Subjekt, wenn es auf globale Verflechtungen und deren persönliche Bedeutung hin befragt wird. Die Elendszonen hängen unstreitig mit der ökonomischen Praxis der Industrieländer, genauer: mit der schamlosen Ausbeutung durch uns selbst zusammen. Die schwer durchschaubaren Kriege im Innern Afrikas rechnen zu den Folgen. Als schuldmindernd für uns wird dabei gern auf die Borniertheit farbiger Spitzenpolitiker verwiesen, deren spektakuläre Bereicherung auf Kosten ihrer Völker sich hin und wieder in den Medien findet. In Wahrheit rührt dergleichen auch heute noch von den Interessen der Großmächte her. Dazu gehören beispielsweise die von den Differenzen unter den Industrienationen 1994 ausgelösten Kämpfe zwischen Hutu und Tutsi in Ruanda-Burundi, als schätzungsweise eine Million Menschen unter den Augen der UNO-Schutztruppe, die nicht eingriff, ermordet wurden.

Schmerzlich zu denken bleibt, daß alle Europäer an der ökonomischen Schieflage der afrikanischen Länder beteiligt sind, weil die Verrechnungsmodalitäten zwischen den Rohstoffen und ihrem wirklichen Wert für uns stillgelegt sind und daher der klassische ökonomische Begriff *Ausbeutung* angemessen bleibt. Dabei ließe sich in den Kategorien von *Karl Marx* fortfahren und den tendenziellen Fall der Profitrate als Warnlampe verstehen, deren Aufleuchten bedeutet, von sozialen und humanitären Erwägungen prinzipiell absehen zu sollen. Die Konkurrenz bricht nämlich stets in bisher gehaltene Areale unverzüglich ein und zieht die potentiellen Konsumenten auf ihre Seite.

Nach der Implosion des Sozialismus mit mannigfachen schrecklichen Erinnerungen an seine Praxis bietet sich kein menschheitlicher Gerichtshof, um über die Verfehlungen zu befinden. Homo sapiens ist wieder am Anfang seiner Verheißung, die Erde als ein Geschenk im Rahmen der Kürze jeweiliger Lebenszeit verbessern zu helfen. Nach dem Ende grausamer Experimente, die einen menschenfreundlichen Sozialismus organisieren wollten, birgt der Entwurf einer parlamentarischen Demokratie mit Regierung und legaler Opposition, die ausdrücklich zur Kritik der jeweils vorfindlichen Gesamtverhältnisse gehalten ist, eine Lebensform, die dem Einzelnen größtmögliche Entfaltung gewährt und ihn auffordert, sich selbst einzubringen. Über politische Gestaltung mit höherer praktischer Gerechtigkeit vermögen wir einstweilen kaum etwas zu sagen. Denn das wichtigste Problem bei der Vergabe von Regierungsmandaten, Ausübung legaler Gewalt im Interesse aller, blieb immer, wie verhindert werden könne, daß die Macht sich unkontrollierbar verselbständige.

Im Mittelpunkt des comenianischen erzieherischen und seelsorgerlichen Wirkens stand die Festigung des Menschen durch Glauben und Zuversicht für die alltäglich erforderte Arbeit. Geschöpflichkeit scheint immer mit einem Protestpotential gegen die ihr nur zugebilligte zweite Stimme einher zu gehen. Als Mose in der Rolle eines auserwählten Botschafters seinem Volk in der Wüste den Dekalog bekannt machte, wurde der Urtypus des Aufstandes gegen den Schöpfergott bereits in Szene gesetzt: Aaron fertigte während der Abwesenheit seines Bruders Mose, der auf dem Berge Sinai das „Gesetz" empfing, für das verdrossene Volk Israel, das nach handfesten Gottheiten verlangte, ein vergoldetes Stierbild zur Anbetung

(2. Mos. 32). Dies ist einer der großen Hinweise, wie schwer erträglich es bleibt, mit bloßer Verheißung auszukommen. So werden Ersatzgottheiten überall gehandelt. Das mögen Reichtum, Sicherheit, Gesundheit, Schönheit u. a. sein. Die Gestalt des Jesus von Nazareth aber steht gegen sämtliche Surrogate; er verhieß, denjenigen zugänglich zu bleiben, die seiner bedürften, „bis an der Welt Ende" (Mt. 28, 20).

Mit dem Westfälischen Frieden von 1648 kam es zur gänzlichen Auflösung der böhmisch-mährischen Brüderunität als geistlicher Korporation, weil ihre Selbständigkeit juristisch nicht anerkannt wurde. Eine Einschmelzung erfolgte zumeist in die protestantischen Landeskirchen. Spezifische Frömmigkeitsimpulse mögen dadurch ins Allgemeine vermittelt worden sein. Comenius ist wohl der Erste, aus dessen Munde unsere Welt als „Kampfplatz des Geistes" (P 235) angesprochen wurde und der Blick auf jenes Gebilde sich erweiterte, das wir heute als globale Struktur oder Ökumene zu fassen versuchen. Dabei ist ungewiß, wie wir einem Prozeß von solcher Größenordnung pädagogisch nachkommen, überhaupt erst die Sensibilität für entgrenzten Umgang entwickeln sollen.

Kapitel IV: Verweis auf das Wort

Weil Comenius sich der Kostbarkeit des Wortes prinzipiell bewußt war, konnte er gegen dessen Mißachtung und Verschwendung auftreten und zugleich den Begriff *Öffentlichkeit* mit einer kritischen Note versehen, indem er seiner Zeit vorgriff. Der Uransatz von Sprache blieb ihm ständig bewußt, wodurch Welt entstand (Gen. 1), und das Neue Testament diesen Satz repetiert: „Im Anfang war das Wort..." Aus dem Munde Jesu hieß es: „Himmel und Erde werden vergehen, aber meine Worte werden nicht vergehen" (Mt. 24, 35). Mit jenem schöpferischen Ausdruck ist biblisch die Quelle der Kraft gemeint und auch das in deren Nachfolge Gesprochene. Zur Übersetzung biblischer Gedanken in Alltagspraxis braucht es eine spezifische Transformation. Das Sprachvermögen muß in seiner Einmaligkeit erkannt und als Geschenk gewürdigt werden, denn es kam anderen Wesen nicht zugute.

Naturwissenschaftliche Forschungen erschließen, wie die uns biologisch nächststehenden Säugetiere sprachlich blockiert bleiben. Auch die im Umgang weit in die humane Sozietät hineingezogenen Hunde verstehen zwar viele Anreden, führen Befehle aus und können sich als zuverlässige Gehilfen erweisen. Der Mensch jedoch schafft symbolisch erweiterte Welten, augenfällig heute durch die Erschließung virtueller Räume, die auch als elektronische Drogen faßlich und kritisierbar sind. Sie können aber erst vom „Wort" her aufleuchten oder erlöschen, je nachdem, wie die Technologie es gegenüber der jeweiligen Computergeneration bestimmt.

Bei den durch Comenius eröffneten und für seine Zeit autorisierten Bibelworten war vor allem das Fundament des gläubigen Menschen im Blick. Für die Regulation von dessen Verhältnis inmitten heutiger Medienlandschaft, in der die Offerten Sehvermögen und Beurteilungskräfte weit übersteigen, läßt sich eine parallelisierbare Grundaussage bemühen. Im Matthäusevangelium heißt es: „Ich sage euch aber, daß die Menschen beim Jüngsten Gericht Rechenschaft geben müssen über jedes unnütze Wort, das sie gesprochen haben" (Mt. 12, 36). Das bietet innerhalb der Weltliteratur wohl die härteste Zumutung, die Kostbarkeit des Wortes vorab zu respektieren und der menschlichen Rede Verantwortlichkeit aufzuladen. Stets blieb die Alltagspraxis durch belanglosen Austausch gekennzeichnet; man erholt sich durch das, was man einfach los werden kann, ohne daß es rückbezüglich, aufklärungsbedürftig oder einer kritischen Anfrage zugedacht wäre; es bleibt „bloß so" dahin gesagt. Vielfach dürfte es sich kaum über das erheben, was von der Verhaltensforschung bei den Tieren als „Stimmungsausfluß", z. B. Schnattern, gekennzeichnet wurde.

Eine Rechenschaftsforderung in Hinsicht auf das *unnütze Wort* meint wesentlich, wozu Unterredungen, Gespräche, alltägliche Begegnungen dienten oder hätten dienen können, wenn die Kostbarkeit des Wortes bedacht würde. Nur durch das Wort erhalten wir Einblick in anderes Bewußtsein, erschließen uns freiwillig, jedes Geständnis oder Eingeständnis fällt darunter; es ist nicht erzwingbar. Und wo es erpreßt wurde, ist alles daran zu setzen, es zu widerrufen und zu tilgen. Der Freiheitsraum des Menschen ist vornehmlich verbal. Er hat Zeugnischarakter, aktualisiert sich im Ausdruck. Bezeugen und Überzeugen bleiben zweierlei. Wer überzeugt wurde, kann weiter bezeugen, oder er verleugnet sich selbst. Die Offenbarung im Wort schließt Gefahren ein: Jemand ist innerlich bedroht, der ein helfendes Wort versiegelte und als Geheimnis hüten wollte. Darum heißt es bei Jeremia (23, 29), Gottes Wort könne Felsen zerschmettern. Ein Geständnis vermag die Revision des gesamten Lebens einzuleiten, die Lüge als lähmende Größe, als Krankheit zu überwinden.

Das comenianische Drängen, das Wort zu hüten, seine Jeweilig-keit zu begreifen, gehört unverzichtbar zur Vorschule praktischer Pädagogik, denn das Umfeld jedes Menschen bleibt durch Anrede, Rücksprache und Abstimmung gekennzeichnet sowie auch durch bedauernswerte Weitergabe persönlicher Verschlußsachen, zu deren Kenntnis jemand gelangte oder die ihm anvertraut wurden. Sie bedurften nachfolgender Sekretierung. Gleichwohl verschafft es Genuß, mehr als andere zu wissen, sich damit wichtig zu machen oder ein Ansehen zu geben, wie es im Märchen von Rumpelstilz-chen exemplarisch heißt. Luther hat in seinem *Kleinen Katechismus* das achte Gebot folgendermaßen erläutert:

Du sollst nicht falsch Zeugnis reden wider deinen Nächsten. Was ist das? Wir sollen Gott fürchten und lieben, daß wir unsern Nächsten nicht belügen, verraten, verleumden oder seinen Ruf ver-derben, sondern sollen ihn entschuldigen, Gutes von ihm reden und alles zum Besten kehren.

In dieser Aufgliederung einer antiken religiösen Weisheit, die den biblischen Kanon zentral kennzeichnet, ist auch die alltägliche Versuchung beschlossen, die eigene Bedeutung durch das „falsche Zeugnis" zu festigen, andere für sich einzunehmen. In ökonomi-schen Krisenzeiten lassen sich an Börsen heimtückische Anschläge organisieren, um Konkurrenten zu vernichten; der Begriff *Mobbing* bewegt sich auf minderer Ebene. Die in Luthers Erklärung des achten Gebots geforderten Praktiken, „alles zum Besten zu kehren", dürfte nur in wenigen Bereichen geachtet werden, vielleicht sogar dem Spott verfallen. Es bleibe die Praxis von „Gutmenschen" und sei für die Wirklichkeit untauglich. Alltagssprachlichkeit gilt als einzige Realität, was zutreffen mag. Wenn indessen die andere Re-deweise nicht mehr gebraucht werden darf, wenn, wie in totalitären Regimen, jedes Eintreten für verfemte Andere eigene Gefährdung auslöst, wechselt die Szene zur Märtyrerschaft, und wir bewundern Menschen, die sich zum Widerstand anschickten; ihr Gedächtnis möge bewahrt werden.

Die Verantwortlichkeit im Wort gegenüber dem politischen Bereich bietet ein Thema von hoher Komplexität. Denn die Demokratie selbst hat sich gegenüber den beharrenden feudalen Kräften durchsetzen müssen. Die ständig fortzuführende plebiszitäre Praxis ist selbst Kampfresultat von Generationen, die mit der Überzeugungskraft des Wortes für das künftige freie Votum eintraten. Das Grundgesetz bestimmt (Artikel 21 GG), daß die Parteien sich in den Bildungsprozeß der Gesellschaft einbeziehen und damit aufgerufen sind, ihre eigene politische Linie als dienlich für die Übernahme von Regierungsverantwortung verständlich zu machen und zu empfehlen. Das Fairnessgebot gegenüber politischen Gruppen im demokratischen Gesamtgefüge wird dabei nicht eigens betont, aber stillschweigend vorausgesetzt. Es rechnet sich zum Begriff der *politischen Kultur*, die in ihren Umrissen noch etwas nebelhaft verbleibt, je nach augenblicklicher Opportunität jedoch aufgeboten wird und zumeist mit Verrissen der anderen Seite arbeitet. Dabei hört man gelegentlich, was die in Rede stehende Gegenpartei getan oder unterlassen habe, sei „ungeheuerlich". Ein weiterer Vorwurf lautet, die andere Seite arbeite mit *populistisch* verkleideten Angeboten, um Wählerstimmen einzufangen. Diese Rüge bewirkt insofern Nachdenken, als der Souverän (populus = das Volk) angesprochen ist, von dem „alle Gewalt" ausgeht. Damit wird die übliche politische Einschätzung offenkundig: Die Parteien sind sich im Gebrauch des Vorwurfs *Populismus* an die jeweils andere Adresse darüber einig, daß ein erheblicher Teil der Wahlberechtigten keineswegs als urteilsfähig einzuschätzen sei und von geschickt agierenden Demagogen geködert werde. Damit hätte sich die Lage gegenüber der Endphase der Weimarer Republik bedauerlicherweise kaum geändert, als der Agitator Hitler Millionen Menschen mit Parolen gegen den Versailler Friedensvertrag von 1919 und mit antisemitischer Hetze zur Anhängerschaft bewegen konnte, was aus mangelndem politischem Kenntnisstand der Allgemeinheit erwuchs. Die heutige Wahlbevölkerung hat aber nach dem 2. Weltkrieg in

Deutschland eine intensive schulische Aufklärung über Ursachen, Verlauf und Verbrechen des Nationalsozialismus erhalten, ist zur mündigen Staatsbürgerschaft mutiert, und keine rechtsextremistische Partei hat im Spektrum des Bundestags bisher dauerhaft fußfassen können – doch wohl Zeichen von Urteilsfähigkeit und politischer Reife. In einzelnen Landesparlamenten unserer Republik finden sich indessen ultrarechte Splittergruppen, das erfüllt mit Sorge. Unter dem Anspruch von aktueller Pädagogik bedürfen diese Verhältnisse eingehender Zuwendung im Horizont von Praxis. – Was ist demnach unter der Rede vom Populismus zu verstehen, etwa die Gaußsche Formel der Normalverteilung, daß unabhängig von allen Aufklärungsversuchen ein konstanter Teil der Bevölkerung politisch indolent bleibe?

Die Redlichkeit der politischen Aussage wird gegenwärtig durch eine soziale Problematik herausgefordert. Es geht um das Eingeständnis, daß die Epoche bezahlter Lohnarbeit nach traditioneller Maßgabe durch Absprachen und Verträgen zwischen Industrie und Gewerkschaften bei staatlicher Treuhänderschaft ausläuft. Bis zum Rentenalter gesicherte Arbeitsplätze dürften der Vergangenheit angehören. Die Ursachen sind allenthalben anschaulich: Arbeiter, die bislang gruppenweise die Fabrikhallen füllten, bleiben entbehrlich; die Greifarme von Robotern traten an deren Stelle. Die Mechanik der Prozessoren setzt an, führt aus, prüft die Ergebnisse und liefert die Produkte. Beständig werden in allen Sparten weitere Arbeitsplätze eingespart; fast alle einfacheren Verwaltungsarbeiten lassen sich zudem standardisiert erledigen. Hinzu tritt die Verlagerung von Produktionsstätten ins Ausland, wo die Lohnnebenkosten geringer sind und gewerkschaftliche Solidarität zumeist entfällt. Die dortige Arbeiterschaft läßt sich mit Billiglöhnen abfinden. Die Börsenwerte der Unternehmen steigen, und gleichzeitig werden Tausende von Mitarbeitern in Deutschland entlassen. Diese Logik zu verdolmetschen, bereitet den Mandatsträgern Artikulationsschwierigkeiten. Unmißverständlich wäre anzuzeigen, daß der Lebensstandard für die Mehrzahl konsequent sinkt; ein Alphabet der politischen Ökonomie ist vermittlungsbedürftig, wie es die Väter des Sozialismus im 19. Jahrhundert als Lehrgang aufbereiteten. Was dort als historisch-materialistischer Schlüssel dargeboten wurde, läßt sich auch in der Perspektive von Comenius erschließen: Reichhaltig ausgestattete Lebensverhältnisse sind nicht einklagbar. Das „tägliche Brot" als vierte Bitte im Vaterunser ist wieder als elementare Aussage zum Lebensunterhalt faßlich. Darum bietet die Wahrheit des Worts die wohl größte Herausforderung für die politische Klasse. Sie hätte zu vermitteln, daß die nach dem 2. Weltkrieg wirksam gewesene *Rekonstruktionsphase* mit dem Wiederaufbau der Industrie, der Aufrüstung gegen den Ostblock, der Entwicklung neuer Technologien und Fertigungsverfahren beim damaligen Stand der Produktivkräfte notwendig ausländische Arbeitskraft erforderlich machte. So sind die neuen deutschen Identitätsprobleme aufgekommen. Mißstimmung steigt allenthalben, Aggressivität wächst. Aussagen müssen ihre Wertnote zurückgewinnen. Immer mehr Menschen sind für die Politik zu interessieren; es bedarf der Gewißheit, daß vom Gesprochenen nichts unvernommen bleibt.

Für Comenius repräsentierte sich die Wortqualität am klarsten in der erzieherischen Zuwendung, und seine Werke sind letztlich alle auf die Stärkung nachwachsender Generationen bezogen; sie sollen unter Geleit ihren Weg erkennen und gefestigt weiter arbeiten. Darum verbleibt erzieherisches Wirken als Ganzes für ihn immer unter der Verantwortung des Geistes, der sich als göttlicher Auftrag äußert und sich nicht nur im emotionalen Genuß über das Wachstum oder die Schönheit der Kindheit gefällt. Der Christ Comenius weiß nämlich auch, wie der Verhärtung im kindlichen Eigensinn notwendig Grenzen zu ziehen sind (P 201), denn die Menschheit steht insgesamt zur Bewährung an. Für die Gegenwart sollte es bedeuten, Kinder auf die Vergeudung von Lebensmitteln aufmerksam zu machen. Die Nahrung – etwa das Schulbrot – gerät so beiläufig, daß es tonnenweise fortgeworfen wird, unzählige Süßigkeiten an deren Stelle treten und die Getränkeindustrie immer neue Geschmacksvarianten für Kinder und Jugendliche erprobt. Dem geistesverwandten *Pestalozzi* geriet dies sogar zum erzieherischen Exempel, wie ein Kind, das selbst nur ein sparsam zugeteiltes Abendbrot erhielt, davon eine Scheibe für ein noch ärmeres Kind im Dorf sich buchstäblich vom Munde absparte. Das sollte nicht zu erzieherischen Gewaltsamkeiten herausfordern, sondern nur erinnerlich belassen, daß noch in der nunmehr alten Generation die Kinder zur Überlegung aufgerufen wurden, wie sie durch eigene Arbeit zum Familieneinkommen beitragen könnten; das waren etwa Botengänge, Handreichungen in der Nachbarschaft, Fahrraddienste und andere Hilfen, die einige Groschen erbrachten. Auch die Überschwemmung mit Spielzeug, den vielen Teddies und anderem lassen nur schwer ein Verhältnis zum einzelnen Geschenk aufkommen. Man braucht diese Umstände nicht weiter zu differenzieren; jeder verfügt über Erfahrungen. Wer auf die Kraft des Wortes setzt, kann mit Comenius pädagogische Gewißheiten aufnehmen.

Die Flut von Druckerzeugnissen trägt dazu bei, Lesen zum Geschäft abfallen zu lassen. Comenius hatte bereits auf die Überschwemmung mit Büchern verwiesen und gefordert, daß jeder Autor eine spezifische Verantwortung für Mitmenschen übenehme, wenn er ein Druckwerk erscheinen lasse und vor der Qualitätsfrage stehe (P 107). Der Begriff *Erbauung* war für Comenius reflektierbar, da dieser Belehrung und moralische Stärkung einbezog.

Seit dem Auftritt der virtuellen Medien, denen niemand sich leicht entziehen kann, stellt sich diese Nachfrage verstärkt, weil jeder Film unter der Eingabe von Autoren, Regisseuren, Musikexperten, Psychologen und Marktforschern steht, um seinen Verkauf zu gewährleisten. Das ergibt eine Palette abgestufter Primitivität, damit der Zuspruch indolenter Gemüter gesichert sei. Die Frankfurter Schule hat Kriterien zur Beurteilung der gegenwärtigen Kulturindustrie angeboten.[17] Die uns ständig begleitenden Umfragen ergeben, daß jeder Bundesbürger durchschnittlich vier Stunden täglich vor dem Bildschirm zubringt. Mithin geschieht die intellektuelle und emotionale Verköstigung daheim. Käme es zwischen Älteren und deren Nachwuchs zum Gespräch über die Gründe der wachsenden sinnenbetäubenden Bilderflut und deren ökonomische Ursachen, so wäre der Begriff einer *interfamilialen Bildung* angemessen. Es setzte aber im Sinne von Comenius voraus, das *Ganze* des menschlichen Lebens in der Entwicklung von Kindern und deren wahrhaften Bedürfnissen zu erkennen, also bereits in der eigenen Herkunft das Wahre aufzurufen. Es ist kaum zu bezweifeln, daß der im Einzelstaat noch an gewisse soziale Pflichten gebundene Kapitalismus beim Übergang zur Weltläufigkeit die Subjekte weitgehend absorbiert, so daß Einfühlung in die Entwicklungsprozesse der Kinder Kräfte fordert, und darum gerät *Elternbildung* mehr und mehr zur Ausnahme. Die Verringerung dieser Vorgabe schlägt sich in den didaktischen Prozessen der Schule nieder. Mangelnde häusliche Unterstützung erschwert die schulische Wirksamkeit. Urteilsvermögen und Kritik wachsen dadurch nur kärglich. Das Showgeschäft sieht zudem begleitende oder nachträgliche Reflexion über die Vorgänge auf den Bildschirmen nicht vor, weil sie sich zur Kritikfähigkeit steigern ließe.

Frühere Generationen waren zumeist in Mangelgesellschaften eingebunden, und habituelle Entbehrung begleitete den Alltag. In jenen Zusammenhängen boten Wort und Sprache zumeist auch Erklärungsmuster, um die eigenen Umstände zu erläutern. Weitreichende Erfahrung ließ sich dadurch vermitteln. So schlicht die angebotenen Sprüche von heute betrachtet auch anmuten mögen, kennzeichneten sie doch den Radius, innerhalb dessen sich Leben bewegte. Zurufe geboten Einhalt, eröffneten auch wohl Transzendenz oder ließen sie zumindest ahnen. So ist zweifellos der Befehl zum *Einhalten* innerhalb von Verfehlungen im Gefälle von Torheiten ein humanes Gebot. Darin wäre praktische Pädagogik zu fassen: zum Differenzieren auffordern und verhelfen, Geschwätz vom Wort zu unterscheiden, das irritiert und verwirft. Zumeist kam es aus der Vergangenheit und konnte sich daher mit Autorität verbinden. Ein Hochmaß von aufgeräumter Erfahrung war eingefaßt; das Spruchgut der Völker sedimentierte sich in ihr. Die sozialen Handlungsräume sind geblieben, das Interieur ließ sich bedingt auswechseln, neuen Modevorschriften zwangsläufig anpassen.

Immanuel Kant hat in seiner nüchternen Anthropologie die Gefährdung des Menschen von drei Bereichen her gesehen, die mit der bürgerlichen Gesellschaft und ihren verbrieften Eigentumsrechten zusammenhängen, an Besitzverhältnissen ablesbar sind; diese wiederum spiegeln sich in einer eigentümlichen Prestigeskala. Das Materielle ist dabei mit dem Immateriellen verflochten, dialektische Verhältnisse sind unverkennbar. Kant charakterisiert die Impulsgeberschaft für das menschliche Verhalten im Rahmen von Begehrlichkeit aus den Kräften der unbearbeiteten Natur und wählt dafür den Begriff *Sucht* in der Reihenfolge von *Ehrsucht, Herrschsucht* und *Habsucht.*[18] Es scheint bedeutsam, daß Kant mit dem Faktor *Ehre* beginnt und damit das unstillbare Geltungsbedürfnis an die Spitze stellt. Es gehört zweifelsfrei zu den wichtigsten Einsichten über die Dynamik des gesellschaftlichen Lebens, daß überall, wo Menschen miteinander wirken, sich Rangordnungskämpfe abzeichnen, freiwilliger Ausgleich oder Verzicht kaum erfolgt; zeitübergreifende Anerkennung wird erstrebt. Dieses Verlangen dürfte aus der Sterblichkeit und deren bedrängendem Vorauswissen herrühren. Hier hebt das comenianische Geleit an, alle auf die *Instandsetzung* der geschädigten Welt zu verweisen und sich damit von der Sorge um die Sicherung des eigenen Ansehens zu befreien: Wer an der göttlich verordneten Aufgabe mitwirkt, dessen Name bleibt im „Buch des Lebens" (Offenb. 3,5) verzeichnet.

Bedrückend nimmt sich mithin ein Ereignis aus, an das hier kurz erinnert werden soll: *Albert Einstein* hatte 1939 in seinem berühmten Brief dem amerikanischen Präsidenten *Roosevelt* geraten, die Atomforschung zu intensivieren, da im faschistischen Deutschland an der Herstellung einer atomaren Waffe gearbeitet werde. So kam in den USA ab 1943 das *Manhattan Project* unter der Leitung von Robert Oppenheimer zustande, der sich später dem Bau der Wasserstoffbombe widersetzte und wegen angeblicher kommunistischer Gesinnung vor einen Untersuchungsausschuß geladen wurde. Vom Tage der Probezündung der Atombombe am 16. Juli 1945 in der Wüste von *New Mexico* wird berichtet: „Die meisten Anwesenden beteten inbrünstiger, als sie es je getan hatten. (...) Dr. Oppenheimer, auf dem eine schwere Bürde gelastet hatte, geriet in eine immer größere Spannung, als die letzten Sekunden abliefen. Er atmet kaum noch. Er suchte Halt an einem der Pfeiler. Während der letzten Sekunde blickte er starr vor sich hin."[19]

Oppenheimer fand zur Urgebärde des Anrufs der Gottheit zurück. Diese Spitzenforscher hatten ihr Denkprodukt an die militärischen Stäbe weiter zu geben. Nicht der Initiator *Roosevelt*, sondern dessen Nachfolger Truman erteilte den Befehl zum Abwurf der Bombe auf Hiroshima am 6. August 1945. Für die anstehenden Überlegungen ist wichtig, daß sich an dieser Stelle vielleicht die *Ehrsucht* in ihrer brutalen Konsequenz darbot: Im Endstadium der Versuchskette wußten die Forscher bereits, welche verheerenden Folgen die Freisetzung der Zerstörungskraft auf Lebewesen habe. Sie wollten die Versuche nicht abbrechen, ob sie es hätten können, bleibt eine andere Frage. Wer diesen Schritt in völlig unbekannte Dimensionen als Erster tat, dessen Name würde in den Geschichtsbüchern verzeichnet bleiben, vielleicht auch unter dem Fluch stehen, der Menschheit eine Möglichkeit zum Suicid eröffnet zu haben.

Von dem Anspruch auf Anerkennung, was als „Würde" gefaßt wird, bis zur Besessenheit auf Ehrenbezeugungen ist zwar ein weiter Weg. *Friedrich Schiller* hat ihn dramatisch an der Figur Wallensteins nachgezeichnet; dieser böhmische Edelmann fand in den schwer einschätzbaren Machtverhältnissen des Dreißigjährigen Krieges und deren militärischen Wechselfällen das Klima zum kühnen Machtpoker: dienstwillig gegenüber dem habsburgischen

Kaiser in Wien, insgeheim mit dem schwedischen König Gustav Adolf zu konspirieren, der mit seinen Truppen in Norddeutschland gelandet war, weil er der protestantischen Sache gegen das katholische Wiener Kaisertum zur Hilfe kommen wollte, im Grunde aber eigene nordeuropäische Hegemonialpolitik voranzutreiben versuchte. Das Ganze war also ein Geflecht von Treueschwüren, Verrat, erheuchelter Versöhnung und Bespitzelung, Mordkomplotte eingeschlossen. Schiller stellt dies in seiner Wallenstein-Trilogie und ihrem einleitenden Prolog zur prototypischen Figur des Feldherrn Wallenstein dar, von dem es dort heißt, er sei der „unzähmbaren Ehrsucht" zum Opfer gefallen und habe zudem auf astrologische Gutachten vertraut. An dieser Gemengelage von konservativem Christentum, dynastischer Absicherung, mörderischer Abschlachtung unzähliger Menschen wird kenntlich, daß mit dem Begriff *Ehrsucht* die Verachtung aller grundlegenden moralischen Gebote einhergeht. Comenius, der Zeitgenosse Wallensteins, konnte es mit eigenen Augen wahrnehmen.

Kapitel V: Zwischenbemerkungen über Maskulinität und Elternschaft

Seit einigen Jahrzehnten hat in der philosophischen Anthropologie Nachdenken darüber begonnen, daß im biologischen Auftritt des Mannes sich eigentümliche Unsicherheit und Schwäche zeigen. Die Kindersterblichkeit bei ihm ist signifikant höher als beim weiblichen Geschlecht. Bekanntlich werden nach vollendeter Fortpflanzung bei einigen Arten wie z. B. den Spinnen die männlichen Exemplare getötet oder von weiterer Nahrungszufuhr abgeschnitten wie den Drohnen bei Bienenvölkern, so daß sie sterben, nachdem sie bei der Begattung der Bienenkönigin ihren biologisch verordneten Auftrag erfüllt haben. Das existentielle Verhältnis von maskulinem Zeugungsakt auf der einen und Austragung der Leibesfrucht als Schwangerschaft auf der anderen Seite ist in der Mutter-Kind-Dyade unvergleichlich. Mithin liegt im *Erlernen von Vaterschaft* eine der wichtigsten Voraussetzungen jeglicher Kulturentwicklung. Dieser Prozeß kommt aber nur zustande, sofern beide Geschlechter sich miteinander hinlänglich kultivieren, oder besser, die Sprache in ihrer Entfaltungskraft sie für generative Erfahrungen erschließt. Sie müssen erst die eigene passagere Existenz im Verknüpfungsverhältnis mit Vorfahren und Nachkommenschaft als Vermittlung wahrnehmen. Daran ließe sich verdeutlichen, daß Frauen die *stärkeren Menschen* sind, die, ökonomisch betrachtet, zudem zwei Drittel der gesellschaftlich notwendigen Reproduktionsarbeit ständig erbrachten. Wenn die Wahrnehmung der Leistungen des weiblichen Geschlechts erfolgt, ihr Anspruch auf volle intellektuelle, materielle und politische Teilhabe weltweit anerkannt ist, dann erst läßt sich der Eintritt in eine emanzipative Gattungsgeschichte erwarten. Sie wird darin bestehen, daß beide

Geschlechter ihre nicht angeborene, wohl aber angestammte soziale Behinderung erkennen, sie angesichts unterschiedlicher Entwicklungsrhythmen bearbeiten, um die Herstellung des gefaßten Menschen voranzubringen. Denn die Verbesserung der Weltverhältnisse, wie sie Comenius vorschwebte, hatte zur Voraussetzung, daß Männer und Frauen sich im Bewußtsein ihrer Geschöpflichkeit und komplementären Zuordnung unter einem Bündnis zusammenfinden. Deren Inhalt ist die nur gemeinsam gelingende Kooperation zur Befreiung aller. Eine solche Aufforderung ist heute dringlicher denn je, weil die moralisch nicht einvernehmlichen Kräfte des menschlichen Denkvermögens Vernichtungspotentiale bereitstellen, deren Gebrauch die Erde für biologisch höher organisierte Lebewesen unbewohnbar machen könnte. – Mit der Bemerkung, daß Frauen die stärkeren Menschen seien, ist verständlicherweise nicht körperliche Kraft gemeint; es geht um jene schöpfungsbedingte Ausstattung, die den Fortgang des Lebens zu sichern hilft und dafür alles, was mit Zartheit, Pflege und Schutz zusammenhängt, dem weiblichen Vermögen entschiedener einpflanzt als dies dem maskulinen Typ unserer Gattung üblicherweise zuteil wird. Männer müssen diese Vorgaben erst im Umgang wahrnehmen und in sich dauerhaft festigen, wodurch ihre Bildung den wohl stärksten Impuls empfinge.

Das Geschlechterverhältnis bleibt weiterhin zu reflektieren. Denn unzulänglich aufgearbeitete Dualität läßt sich als feindlich bestimmen, weil die Konzentration der Macht in männlichen Händen die bis heute nicht gründlich modifizierten patriarchalischen Strukturen aufrechterhält. Zwar sind bedeutsame Zugeständnisse erfolgt, zu denen zweifelsfrei Wahlrecht und die Übernahme politischer Ämter rechnen. Die Gesamtverfügung über politische wie ökonomische Potentiale jedoch liegt weltweit in den Händen der männlichen politischen Klasse. Von der Naturausstattung des weiblichen Geschlechts aber rühren jene Impulse her, die das männliche Appetenzverhalten bewirken und die von der Verhaltensforschung gekennzeichneten *angeborenen Auslösemechanismen* freisetzen. So bricht in der Männerwelt ein ständiges Unruhepotential auf, das mit dem Bewußtsein gesicherter Selbstverfügung inkompatibel bleibt, Zwänge auferlegt. Das sich selbst regierende maskuline Subjekt hat mit einem physiologischen Faktor zu kämpfen und kann diesen Kampf weder gewinnen noch beenden. Damit ist eine dauerhafte Anspannung hergestellt, die für nicht wenige Männer in *Haß* auf das weibliche Geschlecht mündet und sich in vielfältigen Formen zu äußern vermag: das reicht vom sublimen Gebrauch sprachlicher Zynismen bis zur brutalen Anwendung von Gewalt. Dazu rechnen sexuelle Demütigungen, worüber auch die Skala der Perversionen belehrt. Das universale Tauschmittel Geld stärkt zudem die Versuchbarkeit, sexuellen Genußverheißungen nachzugehen, die indessen mit dem Zauberwort Liebe kongruent sein sollten, der die Sehnsucht gilt. Fast alle Ware enthält in ihrer Verpackung inzwischen die Zugabe erotischer Stimulantien, dabei ist bloße Körperlichkeit bereits entbehrlich; der Anreiz läßt sich auch in einer Zeichenwelt unterbringen.

Die Verständigung der Geschlechter mit-, an- und übereinander ist angesichts der Konfrontation religiöser und kultureller Blöcke zusätzlich schwierig, wie der Konflikt über die Verhüllung des weiblichen Körpers mit dem mächtigen Antriebs- und Bremsfaktor Scham in weiten Teilen der islamischen Welt belegt. Die Freigabe sexueller Stimulantien im kapitalistischen Animierbetrieb zur Konsumsteigerung erregt nicht nur Anstoß, sondern löst auch Verachtung für ein System aus, das sich selbst als weithin christlich bekennt, in seinen Praktiken aber kaum unter dem Begriff des Respekts faßlich ist. Einzelgespräche zwischen Christen und Muslimen eröffnen daher vor allem Wege, das *Wort*, seine Verbindlichkeit und friedensstiftende Qualität neben der Aufklärung von Fehleinschätzungen zu nutzen. Das unermeßliche Feld auch politischer Revision ist angesprochen.

Ein wahrhaftes Therapeuticum gegenüber der fluktuierenden männlichen Begehrlichkeit bietet der Überstieg in den Gedanken der bereits genannten *Väterlichkeit*. Die Konsequenz der Natur, daß sexuelle Kontakte auf Zeugung neuen Lebens angelegt sind, läßt sich seit der Erfindung von Kontrazeptiva aussetzen, die Bestimmung aber bleibt damit unaufgehoben. Die Qualifizierung von Männlichkeit ergibt sich erst unter dem Horizont von Väterlichkeit und meint, auch bei nicht eintretender persönlicher Vaterschaft ein Verhältnis, das sich im Horizont der Verantwortung für das Allgemeine, d. h. im Sinne der Humanisierung der Welt versteht: Immer dort, wo Schwächeren aufgeholfen, dem Überheblichen die Unangemessenheit seines Verhaltens erläutert, einem Unsicheren Mut zugesprochen wird. Die Verhaltensskala ist weit und eröffnet sich erst, wenn Väterlichkeit sich anschickt, körperliche Stärke in den Transformationsprozeß zur Güte einzubringen und von dort aus erfährt, welcher unermeßlichen Vorgabe dieser Qualität die Welt bedarf, um an ihrer Selbstsucht nicht zu ersticken.

Nun finden sich manche Zeichen, daß junge Männer heute ein engeres Verhältnis zu Säuglingen und Kleinkindern eingehen als dies bisher kenntlich war; die hygienische Versorgung der Nachgeborenen ist vielfach Praxis *beider* Eltern; Männer binden sich ihren Nachwuchs in Tragetüchern auf den Leib usw. Dergleichen kennzeichnet eine quasi revolutionäre Neuerung. Frühere Vaterschaft überließ die elementaren Verrichtungen bei der biologischen Einpassung der Leibesfrucht stets den Frauen, oft schien sogar ein Moment von *Scham* darin enthalten. Auch an der Praxis zeigte sich, daß Väter ihren Söhnen früh bedeuteten, es sei fortan geboten, sich von den „Weibern" abzulösen, sich gewissermaßen gegen sie zu verschwören und solche Bündnisformen bei regem Alkoholkonsum und im Kanon von Männerwitzen beizubehalten, damit der Kontakt mit dem anderen Geschlecht interimistische Züge bewahrte, sich dabei freilich selbst schädigte. Die Ideologie des deutschen Faschismus hat dazu beigetragen, Männer- und Frauenrollen „artgemäß" zu definieren. Um so mehr ist zu würdigen, daß die heutige junge Männergeneration sich vor den früher als weiblich gegoltenen Verkehrsformen nicht länger scheut und damit *„das Ganze"* des Menschen aufscheinen läßt.

Diese vielfältig verknüpften Anziehungs- und Abstoßungseffekte zwischen den Geschlechtern wurzeln sämtlich in der ersehnten, erflehten und immer nur unzulänglich verwirklichten *Liebe*. Dazu findet sich im Werk des Comenius der Verweis auf die menschlich gebrochene Gefühlswelt, den Hiatus zwischen Wollen und Vollbringen, die Unstetigkeit der Zuwendung. Das ist nicht vorrangig als moralische Erwägung gemeint, sondern wurzelt bei Comenius in der Gewißheit, daß der Schöpfer des Kosmos den Menschen an die bedrohte Spitzenposition des Ganzen verfügt habe, um das Abbild gütigen Vatertums, verantworteter Treuhänderschaft nach jeweiligen Kräften aufleuchten zu lassen. Unter dem Begriff der *Gnade* wird das Unzulängliche gerechtfertigt und die Erwartung einer unerschöpflichen, nicht kränkbaren Liebe wach gehalten.

Der Liebesbegriff geht immanent niemals auf; er übersteigt sich ständig, fordert Dauer, verwirft den Wechsel, insbesondere den rasch entschlossenen Partnertausch, wenn eine bisherige Bindung die erwarteten Qualitäten vermeintlich nicht eintrug. Andere Horizonte erschließen sich, sofern Menschen den Zuspruch annehmen, wie er sich in der Gestalt des jüdischen Handwerkersohns Jesus von Nazareth darbot. Dieser Mann zog mit einer kleinen Schar von Anhängern im Lande umher, lehrte in den Synagogen und interpretierte die Tora gänzlich ungewöhnlich. Damit gefährdete er die Priesterschaft und die Theologenklasse in ihrem Interpretationsmonopol der Heiligen Schriften und verkündete eine bevorstehende neue Welt. Im Streit der damaligen jüdischen Parteien wurde er vor der römischen Besatzungsmacht wegen aufrührerischer Bestrebungen verklagt, zum Tode verurteilt und mit der damals üblichen Methode der Kreuzigung hingerichtet. Jener Mann nun bezeugte sich als Botschafter Gottes, um dessen *Liebe zu seiner Schöpfung* in einem konkreten Lebensgang abzubilden. Der geschichtlich knappe Zeitraum von vielleicht drei Jahren, bevor der Prokurator Pontius Pilatus den Prozeß abschloß, diente dem Aufweis dessen, was der Mensch sein solle, sofern er sich an das Gebot der Gottes- und Menschenliebe hielte. Die vier Evangelien bewahren die gewissermaßen stammelnden und nicht widerspruchsfreien Notizen schlichter Menschen über das Unbegreifliche seines Lebens. Jene Zeugnisse spiegeln alltägliche Lebensverhältnisse und halten soziale Umstände des orientalischen Altertums fest. Dabei geht es um *Praxis*, die damals wie heute alsbald einleuchtet: Mitgefühl ohne Herablassung, Klagen und Beschwerden anderer nicht intellektuell im voraus bereits zu entwerten, Freigiebigkeit ohne Anrechnung, Gehorsam gegenüber einem schwer faßlichen Wort.

Wer die hohe Kunst des Lesens aus der Mechanik der Buchstaben befreit, kann dabei dem *Geist* begegnen, der in den Texten verkapselt wartet, um auf Einfühlung anzusprechen. Von ihm ist in den Fragmenten zur Lebensgeschichte Jesu die Rede. Dort wird auch jene Liebe kenntlich, nach der alle sich sehnen und die angesichts alltäglicher Erschöpfung nicht ermüdet. Wo Liebe in zwischenmenschlichen Verhältnissen Fuß faßt, bleibt sie aber eigentümlich bedroht; sie sucht sich zu stabilisieren, fordert Eigentumstitel und Verfügungsgewalt. Dabei lautete die Lehre der *Pampaedia* aber, daß jede Lebensstufe sich einer freiwilligen Abgabe stellen müsse, um dem jeweils neuen Entwicklungsgang zu genügen. Der altdeutsche Begriff *Lehn* als Leihgabe kennzeichnet die Umstände und stiftet zugleich den Widerstand gegen Rückforderung, läßt zornige Beharrung aufkommen. Die Justizgeschichte ist voller Belege, daß die Aufkündigung eines Liebesverhältnisses vielfältige leibliche Bedrohung, besonders von männlicher Seite, auszulösen vermag und damit die zuvor erwähnte Schwäche anspricht, worin auch der Haßfaktor sich verbirgt. Das alltägliche Beisammensein mindert vielfach die Sensitivität, sofern der Zeitstrom nichts Un-

gewöhnliches mitführt. So mag nur gelegentlich ein dumpfes Gefühl aufkommen, daß in dieser oder jener Situation ein gutes Wort,
eine Bestätigung, ein kleiner Dank dem anderen gegenüber ange-
zeigt wäre. Doch das Abtröpfeln der Stunden löscht die spontane
Nachdenklichkeit, veränderte Umstände treten ein, die das Verges-
sen erleichtern. In einigen Bereichen der Mneme aber mag Irritation
verzeichnet geblieben sein: mehrfaches Versagen bedrückt die
Seele, ohne daß ein Entschluß zur Aussprache sich durchhielte. Die
Szene mündet in den alltäglichen Kräfteverschleiß. Die Genesis
(Kap. 3) bietet dafür die Bildgehalte: *Im Schweiße deines Ange-
sichtes sollst du dein Brot essen.* Das Aufbegehren gegen diese an-
scheinend bittere Prädestination zieht sich durch die Geschichte, ist
aber gleichwohl auf partnerschaftliche Zuneigung verwiesen, wie
auch von der göttlichen Liebe im Schöpfungsprozeß gehalten. Die
erste Form der Liebe bedarf eines Herzensgedächtnisses; um die
göttliche Liebe aber braucht niemand sich zu sorgen, sie bleibt unerschöpflich.

Wenn aber der zwischenmenschliche Abschied seine Endgültig-
keit zeigt, geraten die versäumten Gelegenheiten zum Innehalten,
vielleicht zum ersten Gespräch, zum Einwurf aus der subjektiven
Verfügbarkeit. Ausgebliebene Zwischenrufe werden sich nie mehr
einbringen lassen. Georg von der Vring verknüpft in seinem Gedicht (oben S. 53) damit eine generationsübergreifende Note: Der
Tod des Partners ruft das Zusammenleben mit Kindern, Verwandten und Freunden in die Erinnerung, und auch deren Dasein bleibt in
die Verlusterfahrung einbezogen. Damit sind wir wieder auf Comenius verwiesen, der solche Einbußen mehrfach erfuhr: Frau und
Kinder kamen, wie bereits erwähnt, in den Wirren des Dreißigjährigen Krieges um. Und so besteht das Bitterste wohl darin, gerade
jenen Partner zu verlieren, dessen Liebe mit der eigenen nicht mehr
auszugleichen ist, vieles aus Uneinsichtigkeit unterblieb. Das ist
der Punkt, an dem die Poesie in ihrer Ausdruckskraft frühere Le-
bensepochen einblendet und deren unzählige Nebensächlichkeiten

wie in einem Film ablaufen läßt. Das waren die „Narreteien", von denen das Gedicht ausgeht. Nach der Einsicht in das Unwiderbringliche kann die Selbstpeinigung dauern und der Katalog von nachgeschobenen Vorwürfen die Ruhe verwehren.

Der Rückruf unseres Verhaltens mag dem Entschluß voranhelfen, mit *unverdrängter* Schuld fortan leben zu wollen und die Eingangsfrage nach der weiter gefaßten Liebe erneut aufzugreifen. Dabei erst läßt sich über deren Ernst nachdenken, während die zunächst angezogenen Überlegungen nach der sich emotional steigerbaren Liebe romantisierende Einschläge behalten. Das Unvermögen des Menschen, aus eigenen Kräften zum wahrhaften Frieden mit sich selbst zu gelangen, sich versöhnt mit der Transzendenz zu wissen, bietet eine Lösung nur in anderer Fassung: das ist die Messiasgestalt des „Menschensohns", dessen Werk ausdrücklich lautet, sich der Mühseligen, der Beladenen, der Verzweifelten, unter ihrer Schuld Seufzenden, der Ausgestoßenen und Verachteten, der von den „Gerechten" beiseite Geschobenen anzunehmen. Solche Liebe Gottes wird zum Angebot der *Gnade*, wobei Gnade dem Bildgehalt nach sich erst gewähren läßt, wenn rechtskräftige Verurteilungen erfolgt und angenommen worden sind. Diese göttliche Korrekturgröße, die synonym zu Liebe steht, rückt die Weltgeschichte unter andere Belichtung, wird zur Geschichte der einzelnen Seele, der gegenüber alle Großtaten, von denen die Chroniken voll sind, verblassen. Das läßt sich mit dem Modus unseres Begreifens nicht abstimmen, wie übrigens fast alles, was mit der christlichen Offenbarung zusammenhängt. Indessen bestehen interkonfessionelle Differenzen: Die Katholische Kirche verbürgt sich mit ihrer apostolischen Autorität dafür, daß die Auseinandersetzung mit Gott zum geneigten Abschluß gelange, sofern man sich ihrer Gnadenmittel und sakramentalen Stützen bediene. Im Protestantismus bleibt der Einzelne auf den persönlichen Glaubenskampf verwiesen. Dabei schlägt er sich wie der gebannte Erzketzer Martin Luther mit der positiv nicht zu beantwortenden Frage herum: Wie bekomme ich einen gnädigen Gott?

In den Musterungsprozessen des zwischenmenschlichen Lebens, die dem Eros freimütig die Vorwahl überlassen, bleiben weitere Bereiche der Indifferenz, vor allem die Gleichgültigkeit gegenüber dem, was nicht anmutet. Solche Gleichgültigkeit wird in zivilisierten Gesellschaften durch passagere Höflichkeit abgeschirmt, vielleicht auch mit dem Anschein latenter Hilfsbereitschaft verknüpft, sofern akute Hilfe erforderlich, was unter Rechtsverhältnissen ohnehin gilt, sogar einklagbar ist: Wer bei einem Unfall zugegen ist und keinen Beistand leistet, macht sich strafbar. Comenius schildert in seinem romanhaften Versuch über eine grundlegend verstörte Welt, wie alle Bewohner es darauf anlegten, ihren Mitmenschen so viel Schaden wie möglich zuzufügen und daraus hohe Lustempfindungen gewannen (Kap. VII *Das Labyrinth der Welt oder Die organisierte Verblendung*).

Mit dem Beginn des bürgerlichen Zeitalters fiel die Lebenszeit von Comenius zusammen; er wurde Zeuge großer emanzipatorischer Bewegungen, die aus fürstlicher Willkür herausführen und jedem zur Selbstbestimmung voran helfen sollten. Zweifellos haben die Grundsätze der Verfassung dazu beigetragen, Rechte zu sichern und die persönliche Freiheit einklagbar zu machen. So sehr Comenius als ein auf die Moderne gerichteter Geist – er bediente sich freizügig der Medien seiner Epoche – am Fortschritt der politischen Verhältnisse mitwirkte und sie mit dem Begriff der Gleichheit und Gerechtigkeit verband, so wenig würde ihn eine nur formale Kennzeichnung von Bürgerlichkeit befriedigt haben. Die missionarische Implikation des Evangeliums forderte, sich als Glaubenszeuge darzubieten. Mit anderen Worten: Geschwisterlichkeit schuf den Ansatz, die numerische Größe als Menschheit anzusprechen und auf Partizipation einzustimmen. Es galt, die schändlich entstellte Schöpfung durch gemeinsame Anstrengung wieder herzurichten, als Lob Gottes zu intonieren. Die Entscheidung für solche

Reflexionen verlangt weitere Nachfragen, denn in ihnen war die Zeitgenossenschaft aufgerufen, sich mit der Herstellung der Welt für die eigene Epoche zu befassen, der Nachkommenschaft gegenüber zu verantworten. Angesichts leichtfertiger Reden von *Verantwortung* setzt sie gegenüber Kindern und Enkeln Nachdenklichkeit und Entschiedenheit voraus. Sie sind geliebte Nächste als Künftige, auf die sich alles bezieht. Sich ihnen gegenüber zu verfehlen, bleibt ohne Rechtfertigung. Der mögliche Fluch kommender Generationen auf die Gräber ihrer Vorfahren enthält Abschreckung. Wir geraten in ein Zeitalter, in dem die menschliche Intelligenz befähigt ist, mit mathematischen Kalkülen und prognostischen Kräften die Entwicklung der nächsten Jahrzehnte im voraus anzuzeigen. Dazu ist die Wissenschaft in Pflicht genommen, weil unbedachtes Verhalten unserer Gattung gegenüber den Ressourcen des Planeten Erde bereits Merkmale paralytischer Verstörtheit erkennen läßt, wenn es um schlichtes Haushalten mit bemessenen globalen Vorräten geht.

Kapitel VI: Politische Aspekte

Ende des 20. Jahrhunderts sind verdienstvolle wissenschaftliche Untersuchungen zustande gekommen, in denen die Lage der Menschheit insgesamt einzuschätzen versucht wurde. Unter dem Stichwort „Grenzen des Wachstums" erfolgten Hochrechnungen, die relativ präzise die weltweit vorhandenen Bodenschätze, darunter besonders das Öl, mit Einbezug derzeitigen und künftigen Fördervolumens taxierten. Andere ebenso wichtige Nachfragen galten den elementaren Voraussetzungen der Lebensqualität, besonders in Hinsicht auf Luft und Wasser, von denen alle Menschen abhängen. Meteorologische Vergleiche bezogen sich auf Klimaveränderungen angesichts des CO^2-Ausstoßes. Einstweilen läßt sich mit Sicherheit sagen: Eine unverantwortliche Vergeudungspraxis in Hinsicht auf die Naturschätze obwaltet alltäglich; nicht regenerierbare Rohstoffe werden bedenkenlos in steigendem Umfang verbraucht und vernichtet. Der allenthalben wachsende Energiebedarf bietet selbst eine Art Rechtfertigung seiner bedrückenden Praxis. Für die großen Industriezonen Europas, Chinas und Amerikas besteht ein Gewohnheitsrecht, sich als Fortschrittszentren und ökonomische Führungskräfte der Welt entsprechend bedienen zu dürfen. Dagegen bleibt anzumerken, daß volle Kenntnis über den wahren Zustand unseres Planeten verfügbar und von seinen derzeitigen Bewohnern abrufbar ist. Das geschieht durchaus im Einklang mit Comenius, des Liebhabers strenger Wissensorganisation, der immer nach dem Ganzen fragte. Es handelt sich beim Nachfolgenden um acht Dossiers[20] von höchster politischer Bedeutung, keins steht dem anderen in Hinsicht auf Dringlichkeit nach, jedes hat den Charakter eines Aufrufs und ist der Menschheit zugedacht:

1. „Armut und soziale Polarisierung: 20% der Weltbevölkerung (etwa 1,2 Mrd.) leben in absoluter Armut, etwa 45% der Menschheit (etwa 2,8 Mrd. Menschen) müssen mit weniger als 2 US $ am Tag auskommen.
2. Globales Bevölkerungswachstum: Nach Daten der Vereinten Nationen werden im Jahr 2040 zwischen 9 und 13 Milliarden Menschen auf der Erde leben (1900: 1,6 Mrd. Menschen; 1950: 2,5 Mrd. Menschen; 2004: 6,1 Mrd. Menschen). Das Bevölkerungswachstum findet vor allem in den armen Weltregionen statt. Niemand kann sagen, wie deren Wasserversorgung gesichert, das Management des Ressourcenverbrauchs und die Verbesserung der Ernährungssituation vor sich gehen sollen.
3. Zerfallende Staaten: Spätestens seit dem 11. September 2001 ist deutlich geworden, daß zerfallende und zerfallene Staaten, in denen das staatliche Ordnungssystem kollabiert, potenzielle Heimstätten für den internationalen Menschen-, Drogen- und Waffenhandel sowie den transnationalen Terrorismus darstellen.
4. Neue Kriege und privatisierte Gewalt: Von den 29 Kriegen, die im Jahr 2003 gezählt wurden, gilt nur einer als zwischenstaatlicher Krieg – die Auseinandersetzung der USA und Großbritanniens mit dem Irak. Privatisierte Gewalt von warlords, Terrornetzwerken, internationalen Drogenkartellen und Waffenhändlern stellen die internationale Sicherheitspolitik vor völlig neue Herausforderungen.
5. Trinkwasserknappheit: Nach Zahlen der Vereinten Nationen werden im Jahr 2030 zwischen 30 und 40% der Weltbevölkerung keinen Zugang zu sauberem Trinkwasser haben. Zunehmende Trinkwasserknappheit kann Kriege um Wasserrechte auslösen.
6. Klimawandel und Biodiversitätsrückgang: Der CO_2-Gehalt der Erdatmosphäre steigt kontinuierlich an; seit einigen Jahren führen Meteorologen die Zunahme von extremen Wetterereignissen wie Hitzewellen und Dürren, Hurrikanes und Tornados darauf

zurück. Die von den westlichen Industrieländern, neuerdings aber auch von China geprägten Produktions- und Konsummuster der vergangenen Dekaden sind nicht zukunftstauglich. Die unentwegte Beschwörung einer unumgänglichen Nachhaltigkeits-Politik bleibt ohne praktische wirtschaftliche und politische Konsequenzen.

7. Instabilität der internationalen Finanzmärkte: In den 1990er Jahren wurden sieben signifikante Krisen gezählt, die die internationalen Finanzmärkte in Turbulenzen stürzten und weltweit nicht bezifferbare Mengen von Kapital vernichteten. Es ist noch nicht gelungen, tragfähige Regulierungssysteme für die hoch spekulativen Weltfinanzmärkte zu etablieren.

8. Marginalisierung von Ländergruppen und Regionen in der Weltwirtschaft: Eine beachtliche Zahl von Entwicklungsländern konnte in den vergangenen Jahrzehnten von der Dynamik der Weltwirtschaft profitieren. Zu diesen Globalisierungsgewinnern gehören Länder wie Südkorea, Taiwan, China, Chile und auch Indien. Die Anforderungen an das technologisch-organisatorische Niveau der Unternehmen und an die Effizienz der Produktion sind jedoch in den vergangenen Jahrzehnten enorm gestiegen. Für Länder mit einem schlechten Bildungsstand, einem niedrigen Industrialisierungsgrad, kleinen Binnenmärkten und hohen psychischen Barrieren für eine Integration in den Welthandel verringern sich die Chancen immer mehr, auf der Grundlage natürlicher Wettbewerbsvorteile (wie etwa niedriger Lohnkosten oder Rohstoffvorkommen) Anschluß an die Weltmärkte zu finden und dies für die Steigerung der Wohlfahrt und die Modernisierung ihrer Ökonomie zu nutzen. So liegt Anfang des neuen Jahrhunderts der Anteil Afrikas am Welthandel nur bei etwa 2,3%, an den weltweiten Direktinvestitionen bei 1,75% und an den globalen Ausgaben für Forschung und Entwicklung bei 0,7% (jeweils inklusive Südafrika!)."

Ein solcher technologisch orientierter Katalog über die Unbedachtheiten und Versäumnisse unserer Gattung hinsichtlich der Lebensgrundlagen aller Menschen deckt sich völlig mit den Vorstellungen von Comenius hinsichtlich der geforderten Wachsamkeit für den Fortbestand der Schöpfung. Sie deckt sich mit dem, was er mit der Erkenntnis des *Ganzen* meint.

Im Innern des Weltgewissens sind diese Daten noch nicht angekommen, und die *Vereinten Nationen* erweisen immer wieder ihre Schwäche angesichts jeweiliger Vormächte, seit dem Ende des Ost-West-Konflikts um 1990 nur noch gegenüber der einen Vormacht USA. Mit anderen Worten: Die Überzeugungskraft der Vernunft ist zwar in den Hirnen der Nachdenklichen wirksam, zugleich aber auch die Einsicht, daß ökonomische, militärische und politische Machtaggregate trotz unabweisbarer Argumente sich zum Einlenken kaum bewegen lassen, sofern deren Kalküle nicht aufweisen, welche Vorteile für sie damit verknüpft sind, denn alles verbleibt im magischen Zirkel der Profitabilität. Wer diese Umstände hinlänglich wahrnimmt, wird auch wissen, daß sich vom Pathos großer Scheltreden keine Kursänderungen erwarten lassen. Nüchternheit bleibt geboten. Gleichwohl geht es hier um das Zentrum der Lehre von Comenius, *das Ganze* in Ursprüngen und Verlauf im Blick zu behalten und sich aus der Mitverantwortlichkeit *im Ganzen* nicht entlassen zu wähnen. Denn damit würden auch die Bedingungen unterbunden, die als unerläßlich für eine faktische Veränderung der Verhältnisse nach wie vor logisch gelten. Diese Einsicht wächst aus der Überzeugung, daß nur von Menschen einer Epoche korrigierende Impulse ausgehen können, die dem Wohl der Allgemeinheit dienen.

Auf dieser Ebene wäre auch eine Erklärung für die zuvor ausgesprochene leidige Tatsache zu suchen, daß die Erkenntnis für die unverantwortliche Vergeudung der mit der Schöpfung empfangenen Vorräte noch zu keinem allgemeinen Protest, geschweige denn zu einer anhaltenden Revision führte. Bis heute sind keine Kriterien für die Beurteilung der wahren Umstände verbindlich erschlossen worden. Das Denken nach Maßgabe des Allgemeinen in der Differenz zum jeweiligen Besonderen trat ungenügend ins Bewusstsein, denn es gibt wohl niemanden, der das allgemeine Gute nicht zu stärken wünschte, wenn er damit zugleich auch das ihm persönlich Förderliche verbunden wüßte. Daß dieser Prozeß der Aufklärung aller Menschen aber bisher nur spärlich vorankam, ist nicht als schicksalhafte Größe abzutun, sondern hängt mit der Konzentration der Macht zusammen, die zwar auch von Menschen repräsentiert wird, die ihrerseits vom anonymen Machtkartell jedoch zurückrufbar ist, sofern sie Mißbilligung erregt. Der Wirbel, der dabei entsteht und den Medien geschuldet ist, kann jedenfalls Gravuren im Gedächtnis zurück lassen. Aufs Ganze gesehen aber wird ein vornehmlich auf prosperierende Börsenkurse abgestimmtes Herrschaftsgefüge sein Interesse am Wachstum kritischer Erkenntnispotentiale kaum vergrößern.

Beim Eintritt in das 21. Jahrhundert befinden wir uns in dergleichen Verhältnissen. Seit dem Zerfall des sowjetischen Machtblocks gewannen die USA eine Hegemonie, die dem römischen Weltreich der Antike vergleichbar ist. Washington muß sich mit anderen Mächten nicht mehr ins Benehmen setzen. Die rüde Gebärde nimmt zu. Wer vermeintlich keine Rücksicht zu nehmen braucht, schränkt die Sicht ein und schädigt sich selbst, läßt sein Differenzierungsvermögen schrumpfen. Die Folgen werden kenntlich: Die politische Klasse der USA reduziert sich auf die Unterscheidung von Freunden und Feinden, Neutralität bleibt unerwünscht. Wer sich nicht möglichst emphatisch zur Auffassung der Amerikaner bekennt, wird der anderen Seite zugezählt und muß nicht nur mit vermindertem Wohlwollen rechnen, sondern könnte bei längerer Indifferenz oder sogar Renitenz spürbare Nachteile erwarten. Aus dieser Absenkung intersubjektiver Wahrnehmung wie zwischenmenschlicher Sensibilität dürfte die Enge der Zuschreibung herrühren. Das führt zur Anmaßung, die nur als bedenkliche Kopie heidnischen

Größenwahns (Belsazar, Daniel 5) einzuschätzen ist und wohl auch daher rührt, daß eine Reihe von Mitgliedern aus dem Führungszirkel der USA in den vielfältig differenzierten religiösen Gruppen ihrer Heimat als Prediger auftreten, Seelsorge betreiben, sich in sakrale Handlungen einbeziehen. Zwar ist zu wünschen, daß geistliches Leben sich auch in der Vielfalt wie etwa der frühchristlichen Gemeinde dokumentiert, Bedenken lassen sich aber kaum abweisen, wenn die USA sich als das von Gott erwählte Volk identifizieren, dem vom Schöpfer die Herstellung einer gedeihlichen Weltordnung übertragen wurde, wie der hebräische Messianismus sie vorsah.

Man muß sich nur erinnern, daß in ihrem Lande die Todesstrafe mit unterschiedlichem Verfahren immer noch ausgeübt wird, weil das Böse ja eben getilgt werden sollte. Da nun abzusehen ist, daß in etwa 20 bis 30 Jahren China und Indien die USA in ihrer Produktivität eingeholt oder überholt haben dürften, und der Rangverlust selbst mit materiellen Konsequenzen hervortritt, geht die Welt einem neuen gefährlichen Zeitalter entgegen; Widersacherschaft ist nicht zu dulden, da sie sich gegen *Gods own country* richtet. Wenn im Pentagon begrenzte (taktische) Atomschläge kalkuliert werden, die sich etwa gegen Iran oder Nordkorea und deren mögliche Sonderwege richten, so befinden wir uns bereits in der höchsten Gefahrenzone, in die Präsident Harry S. Truman frevelhaft eintrat, als er am 6. August 1945 den Abwurf der Atombombe auf Hiroshima befahl. Der Krieg war damals schon gewonnen; Japan stand zur Kapitulation bereit. Die Bombe diente als ein Signal an Stalin, die Waffenbrüderschaft des Zweiten Weltkriegs gegen Hitler-Deutschland nunmehr als beendet zu betrachten und die USA als absolute militärische Führungsmacht zu respektieren, woraus ja bekanntlich der etwa vierzigjährige Ost-West-Konflikt sowie das atomare Wettrüsten hervorgingen und die Welt beständig am Rande einer Katastrophe beließ. Inzwischen verloren die USA drei Kriege (Vietnam, Afghanistan, Irak) und die Gefahr droht, dass die gegeneinander spionierenden und sich wechselseitig täuschenden Geheimdienste im Bündnis mit der großen Industrie weitere Konstellationen ermitteln, die sich bedrohlich für die USA anließen. Der engere Beraterkreis des Weißen Hauses vermag die Überzeugung des Präsidenten und seine Sorge für die ihm anvertraute Nation nach gestaffelten Interessen zu lenken.

Zu erwarten bleibt, daß die amerikanische Bevölkerung in schwere psychische Krisen gerät, sofern sie sich durch andere Machtblöcke zur Seite gedrückt sieht. Denn eine dumpfe Religiosität, die sich durch nationales Prestige zusätzlich beglaubigt wähnt, gelangt kaum zur Dialogfähigkeit. Damit ist ein pädagogisches Grundproblem kurz benannt: Die Vereinigten Staaten weisen die höchste Konzentration exzellenter Wissenschaftler an ihren Eliteuniversitäten auf, Nobelpreise und vielerart Forschungsauszeichnungen gehen weltweit überwiegend an sie; die meisten Erfindungen werden dort patentiert. Gleichzeitig aber wächst neben und mit der Armut die Rate des Analphabetismus und damit das Unvermögen, am politischen und geistigen Leben teilzunehmen. Der Verzicht, bei Wahlgängen anzutreten, nimmt ständig zu. Wenn im ältesten Land der bürgerlichen Freiheit die Teilhaberschaft an Urteilsfähigkeit und damit an Freiheit verfällt, erfüllt dies alle, die an der Humanitätsidee festhalten, mit Kummer und läßt sie jenes schizoide Profil innerhalb der Völkergemeinschaft zutiefst bedauern. Die islamische Welt vermag nur schwer zu verstehen, wie sublime Ansprüchlichkeit und alltägliche Sittenlosigkeit miteinander sollten einhergehen können. Auf der amerikanisch-europäischen Frontseite finden sich jene islamische Frauen dagegen gewürdigt, die mutig gegenüber den Mullahs auftreten und beanspruchen, in der Öffentlichkeit über ihre Kleiderordnung selbst zu befinden; sie gelten im Westen als der dynamische Teil der Zivilgesellschaft.

Zwischen dem militärisch-industriellen Komplex und dessen ungeheuren destruktiven Potentialen, die sich unter amerikanischer

Verfügung befinden, verläuft die Genese des bürgerlichen Subjekts, freilich schon bei *J. J. Rousseau* im 18. Jahrhundert in der Differenzierung von *bourgeois* und *citoyen*. Darin kommt der gespaltene Charakter des modernen Menschentyps zum Ausdruck. Bourgeois meint das Wirtschaftssubjekt, das vornehmlich nicht an der allgemeinen, sondern vor allem der eigenen Prosperität interessiert ist, während der citoyen die Wohlfahrt aller und den Aufbau eines wachen Gemeinwesens im Sinne hat, also soziale Demokratie zu fördern versucht. Damit wurde auch die Diskussion über das Wertgefüge eröffnet, und das politische Gespräch hob an: Was wäre zu tun, um das Zusammenleben von Menschen nicht nur im Sinne einer lustlos tolerierenden *Gesellschaft* zu ermöglichen, sondern *Gemeinschaft* wachsen zu lassen?

Daraus ließe sich eine politische Aktivitätskomponente ableiten, die allgemeine Mündigkeit erstrebte. Das erstarkende Bürgertum empfand die feudalen Schranken als hinderlich und die Ökonomie als Treibsatz des Fortschritts. Das dialektische Denken erstarkte mit dem Aufkommen der bürgerlichen Philosophie, die in *Kant*, *Fichte*, *Hegel* und *Schelling* ihre Exponenten, in *Schopenhauer* und *Nietzsche* ihre Querdenker fanden. Jedenfalls wirkten Kohle und Stahl im Einklang mit dem Emanzipationsaufruf des Geistes an der Festigung des neuzeitlichen Bewußtseins, bis mit der Elektrizität eine unfaßliche Antriebskraft in die Szene trat, deren sprunghaftes Wachstum anhält und neben der Realität virtuelle Welten aufkommen läßt. In diesem Geleise entfaltet der menschliche Geist Paarungskräfte, die jede wünschbare Kopulation ermöglichen.

Diese durchaus an Verblendung grenzende Weltsicht schickt sich an, eine Selektion der Völker vorzunehmen und vor allem die metaphysische Differenz von Gut und Böse nach eigenem Muster auszurufen. Solche immanente Maßgabe wäre wohl nur als *Vermessenheit* aufzufassen. Immerhin ist dadurch das Moskauer Imperium als „Reich des Bösen" eingestuft worden, obwohl doch gerade die russisch-orthodoxe Kirche stets als Gemeinschaft inniger Frömmigkeit zu kennzeichnen blieb und sich als Glaubenskraft sogar im stalinistischen Russland leidend durchhielt.

Die unselige Zuschreibung ist nach dem 11. September 2001 beim Verglühen der Türme des Welthandelszentrums in New York auf gewisse islamisch-extremistische Gruppen kurzschlüssig übertragen worden, die sich von ihren Glaubensgrundsätzen her gegen die ihrer Auffassung nach perfide christliche Religionspraxis erklärten. In jenem Affront sind auch ältere Anklagen enthalten, wie z. B. ein unzweifelhaft barbarischer Kolonialismus der Europäer, der mit christlicher Mission einherging. Dazu kamen der Sklavenhandel, brutale Ausbeutung, vielfältige Täuschung. Beschämend war vor allem die Mißachtung der alten islamischen Kultur: Arabische Gelehrte hatten über Spanien die antiken griechischen Denkformen nach Europa vermittelt und die abendländische Geistesbewegung der Scholastik im 12. bis 14. Jahrhundert ausgelöst. Sie machte Europa zu einem Vorentwurf der Humanität, die zur Bewährung anstand und vom Scheitern bedroht blieb.

Im „Reich des Bösen" gab es gleichwohl eine Zwischenphase direkter Kooperation der USA mit dem „Bösen" selbst. Deren Repräsentanten waren zeitweise willkommen, um einen der Stellvertreterkriege durchzuführen: Die Sowjets versuchten 1979 Afghanistan zu erobern und stießen auf islamische Widerstandskämpfer, die das von Russland unterstützte Regime erbittert bekämpften und dabei von den Amerikanern großzügige militärische Hilfe fanden. Sie erhielten moderne Waffen, um den Russen möglichst empfindliche militärische Verluste zuzufügen. 1989 zogen die Sowjets sich aus Afghanistan zurück. Während dieser Spanne war *Osama bin Laden* durchaus geschätzter Bundesgenosse und Freund der USA. Nachdem aber die radikalen Milizen (Taliban) einen islamischen Gottesstaat in Afghanistan ausgerufen hatten, begann der Kampf der Amerikaner und Briten gegen diese neue religiöse Macht. Osama bin Laden und dessen Organisation *al-Qaida* wurden für den Anschlag auf das Worldtrade-Center und das Pentagon verantwortlich gemacht. Nach der Vertreibung der Russen erhielt Afghanistan eine Verfassung nach amerikanischem Muster, ein Präsident wurde gewählt. Die Opiumproduktion ist stark gewachsen und macht ein Viertel des Welthandels aus. Die sogenannten Drogenbarone, denen das Land gehört, auf dem arme Tagelöhner das Rauschgift anbauen, werden von der internationalen Schutztruppe (einstweilen?) geduldet.

Verderblich für das amerikanische Bewußtsein ist der Glaube, es existiere ein auffindbares *Böses,* und ein solches müsse mit jedem verfügbaren Machtaufgebot ausgerottet werden. Auch die Katholische Kirche weiß heute, daß die von ihr seit dem 15. Jahrhundert betriebene Inquisition der Einheit ihrer Una sancta nicht dienlich war. Ketzerei gehört zur Psyche des Menschen, sobald er sich einem geschlossenen Glaubenssystem gegenüber sieht, das lediglich antwortende Formeln verlangt, Einspruch und eigene Nachdenklichkeit jedoch verwirft. Die politische Klasse der USA weigert sich anzuerkennen, daß jedes Abweichende auf kulturellen oder religiösen Feldern als Bereicherung des Unterscheidungsvermögens aufzufassen ist. Wer es verdrängt oder verscheucht, hat sich um eine Möglichkeit seines geistigen Wachstums gebracht und nähert sich der Besessenheit. Unter diesen Umständen ist auch für die amerikanische Bevölkerung zu fürchten, sich in geistig extremistische Verhältnisse zu manövrieren.[21]

Viele Mißverständnisse liegen in der Undurchschaubarkeit der Wirtschaftsprozesse begründet. Alles fing einmal mit der agrarischen Produktion und einfachen Tauschverhältnissen an, denen die *ursprüngliche Akkumulation* nachfolgte, wie Marx den gewaltsamen Vorgang der Kapitalabspaltung und damit die grundlegende Entfremdung nannte. Das war mit einem sich verselbständigenden Tauschwert verbunden. Die Geldform erhielt sich als brauchbares Instrument, um als späteres Handelskapital nützlich zu werden, denn ohne diesen Faktor würden Export und Import von den einfachen bis zu mehrfachen Umwandlungen nicht möglich sein. So ging es über das Handelskapital und seiner zinstragenden Kraft zum Industriekapital, verbunden mit dem Bank- und Börsenkapital, das real nicht faßlich ist, auch nicht mehr als „Geld" dienlich, sondern als spekulative Größe über die Bildschirme flimmert und deren Kurse von den Analysten beobachtet und beeinflußt werden. In jene abstrakte Organisation von Zahlen, Kurven und Diagrammen wird im eigenen Profitinteresse einzugreifen versucht. Angesichts hoher Risikoraten kommt es vor, daß Bankimperien zusammenbrechen können, Währungssysteme kollabieren.

Diese Umstände gilt es sich bewußt zu halten, um die Genese der zuvor dargestellten amerikanischen Supermacht zu begreifen und auch deren Einbindung in die Kapitalströme zu verstehen. Ihre Repräsentanten sind fixiert auf die eigenen Interessen dienliche Finanzpolitik und können zwar militärisch-strategisch Chaos auslösen oder dem Ausgleich dienen, bleiben aber an die Produktionsskalen der eigenen Wirtschaftskapazität gebunden. Ein jäher Sturz der Börsenkurse kann ihnen unabsehbaren Schaden zufügen, woran der „Schwarze Freitag" an der New Yorker Börse von 1929 erinnert, der sich innenpolitisch höchst verhängnisvoll auch für Europa auswirkte.

Kapitel VII: Das Labyrinth der Welt oder Die organisierte Verblendung

Mit der Schlacht am Weißen Berg bei Prag entschied sich 1620 die konfessionelle Zukunft Böhmens und Mährens: Der habsburgische Katholizismus und dessen kaiserliche Repräsentanz in Wien siegten über die oppositionellen protestantischen Gruppen des Landes. Der von ihnen gewählte König Friedrich von der Pfalz mußte fliehen. Die gegenreformatorischen Kräfte ordneten daraufhin die Gesamtverhältnisse neu, d. h. sie veranlaßten die Vertreibung der Anhänger des protestantischen Bekenntnisses. Dabei konnten sie sich auf das Recht des Heiligen Römischen Reiches deutscher Nation berufen, denn seit dem Augsburger Religionsfrieden von 1555 galt, daß die Untertanen sich nach dem Glauben des jeweiligen Landesherrn zu richten hatten (cuius regio, eius religio), und der Kaiser in Wien war katholisch und Böhmen österreichisches Territorium. Die in bürgerlichen Verfassungen zuerkannte Religionsfreiheit für den Einzelnen blieb erst zu erringen. Der Gedanke an ein ökumenisches Verständnis des Christentums war zu jener Zeit noch nicht geboren. Die dogmatischen und liturgischen Unterschiede zwischen Katholiken und Protestanten schienen unübersteigbar; es ging um das Heilige schlechthin. Vergleichen läßt sich dieser Vorgang mit der Vertreibung der Hugenotten aus Frankreich, die damals im protestantischen Preußen und anderen deutschen Ländern Aufnahme fanden und zu deren wirtschaftlicher Entwicklung erheblich beitrugen.

In dieser Situation entfaltete Comenius sein seelsorgerisches Genie, indem er die persönliche Predigt, die bei relativer lokaler Geschlossenheit von Gemeinden organisierbar geblieben wäre, nun angesichts ihrer erzwungenen Diaspora in eine mediale Kraft übersetzte: Er begann an die Glaubensgenossen zu schreiben, indem er mit ihnen fühlte, ihre Besorgnisse teilte, Trost spendete. Mit der etwa 100 Jahre zuvor in Mainz erfundenen Buchdruckerkunst nahm er als einer der ersten europäischen Intellektuellen die Möglichkeit wahr, Gedanken ins Unbegrenzte zu entsenden. Er beschrieb ihnen eine erdachte Stadt und bemerkte, daß sich darin eine Art Biographie verberge, vieles sei nämlich aus persönlichen Erlebnissen in die Abfolge der Bilder eingegangen; mithin wäre von einer *Utopie* zu sprechen, und die seine gilt in der Literaturgeschichte als bedeutendes Werk der frühen tschechischen Prosa. Freilich lehnte sie sich an eine bereits bestehende Gattung an, der Thomas More 1516 den Namen gab. Dessen Schrift lautet *Vom besten Zustand des Staates und über die neue Insel Utopia* (1516). Weitere fiktive Reiseberichte über entlegene Inseln und Länder mit menschenfreundlicher Gesellschaftsordnung und idealer Verfassung schlossen sich an, wie die von Campanella, Francis Bacon und anderen Philosophen. Auch der protestantische Pfarrer Johann Valentin Andreae bot Anstöße. Der Buchtitel von Comenius lautet „Das Labyrinth der Welt und das Paradies des Herzens" und hat eine andere Ausgangsposition: beschrieben wird eine völlig verkehrte Welt, deren wahrer Zustand aber bei den Bewohnern nicht zur Kenntnis gelangt und mit dem Satz von Leibniz, es handle sich um die beste aller denkbaren Welten, durchgeht. Beschrieben wird ein zwischenmenschlich beschädigtes Zusammenleben und ein gnadenloser Umgang.

Die geniale Schilderung bezieht sich auf eine Stadt, in der alle Gewerbe und Handwerke, Kaufleute und Versorgungseinrichtungen vorkommen. Die auftretende Person ist ein junger Mann, der für seine Lebensreise eine Vorausorientierung wünscht, wie sie in der *Pampaedia* den Heranwachsenden mehrfach anempfohlen wurde, um die notwendige Weltkenntnis zu erwerben. Er war soweit erwachsen, daß er Gut und Böse unterscheiden konnte. Dieser junge Mann – Pilger, Globetrotter, Wanderer, Reisender – tritt seine Fahrt an. Dabei drängen sich ihm sogleich zwei Gestalten auf, die eine nennt sich *Allschnüffler*, die andere *Blendwerk,* die er bei seiner Reise nicht abzuschütteln vermochte:

„Da ich schweigend, mit gesenkten Augen und widerwillig weiterging, meinte Allschnüffler: „Was ist, Wirrkopf? Willst du etwa umkehren?" Noch bevor ich etwas antworten konnte, warf er mir einen Zügel um den Hals, dessen Kandare mir in den Mund rutschte, und sagte: „Nun kommst du schon bereitwillig, wohin du ja willst."

Ich schaute mir das Zaumzeug an: Es war genäht aus dem Riemen der Neugier und die Kandare geschmiedet aus dem Eisen der Verbissenheit in Vorsätze. Da verstand ich, daß ich von nun an die Welt nicht mehr freiwillig betrachten würde, sondern von Flatterhaftigkeit und unstillbarem Verlangen gewaltsam gezogen." (L 16)[22]

Damit sind die Bewegungskräfte hinlänglich gebannt. Wo es gelingt, das barbarische Leitwerk aufzuherrschen, wird der Einzelne wie das Kollektiv fremdem Willen fügsam und auch die Passform jeweiliger politischer Systeme ohne große Reibungsverluste übernehmen. Aber noch ein weiteres Instrument erschließt sich dem seelsorgerischen Blick des böhmisch-mährischen Bischofs; es müssen die Deutungsmuster der Weltoptik vorab durch hinterhältige Kräfte festgelegt sein, so daß die Unterworfenen nur wahrnehmen, was ihre Befangenheit komplettiert:

„Plötzlich kam Blendwerk von der Seite an mich heran: „Und ich schenke dir diese Augengläser, durch sie wirst du von nun an die Welt anschauen." Und er setzte mir eine Brille auf die Nase, durch die ich auf der Stelle alles anders sah. Diese Brille hat nämlich die Wirkung, daß, wenn man durch sie hindurchsieht, ein Ding, das weit entfernt ist, nah scheint, und eins, das nahe ist, weit; das Häßliche sieht man schön und das Schöne häßlich; das Schwarze weiß und das Weiße schwarz und so fort. Und ich verstand, daß der Name Blendwerk ganz gut paßt, wenn es solcherlei Brillen fabriziert und uns Menschen auf die Nase setzt. Diese Brillen sind, wie ich später erfuhr, geschliffen aus dem Glas der *Vorurteile* und das Gestell geschnitzt aus dem Horn namens *Gewohnheit*." (L 16)

Bei solcher Manipulation am Bewußtsein der Menschen ist vorgesorgt, daß die Wirklichkeit nicht nur unkenntlich bleibt, sondern in ihr Gegenteil verkehrt wird. Der durch die Kritische Theorie entfaltete Begriff *Verblendung* faßt diese Umstände als ideologische Beschlagnahme. Dabei kann eine kleine Bemerkung von Comenius Nachdenklichkeit auslösen: Der unwillkommene Geleitsmann Blendwerk hatte dem Wanderer die Brille in Eile etwas schief aufgesetzt, so daß dieser nach unten schielen und durch den Spalt die Dinge unverfälscht wahrnehmen konnte (L 17); Vielleicht wollte Comenius damit andeuten, daß alle Versuche, einen Menschen vollständig in die Irre zu führen, mißlingen müßten, weil die sinnliche Bezeugung der Wirklichkeit sich nicht gänzlich unterdrücken lasse. In der Sprache von Comenius heißt es, Gott bewahre Verstand und Herz.

Die Erkundungsreise beginnt mit dem orientierenden Ausblick von einem hohen Turm, der die kreisförmige Anlage als Ganzes erschließt. Rings um ihre Mauern gähnt der Abgrund. Es handelt sich also um das Weltbild *vor* der Kopernikanischen Wende: die Erde ist eine Scheibe, auf der die Menschen wohnen, und weiter hinaus ist das Nichts. Die Stadtmitte wird durch einen großen Marktplatz gekennzeichnet, sechs Hauptstraßen sind kenntlich sowie die Burg des Glücks auf einem steilen Felsen. In den Straßen logieren die unterschiedlichen Handwerker und Gewerbetreibenden. Durch ein dunkles Tor werden die Nachwachsenden in die Stadt geschleust, und jeder erhält vorab einen Zettel, auf dem die zukünftige Bestimmung verzeichnet ist. Der Rundgang unter strenger Führung der beiden Wächter, die alles Vorfindliche nach ihrem Muster interpretieren, beginnt auf dem Markt:

„Der ganze Marktplatz war voll von Gruben, Schlaglöchern und Mulden. Überall lagen Steine und Balken und andere Hürden kreuz und quer herum. Es gab keinen, der etwas wegräumte, reparierte, ausbesserte, auch keinen, der einem solchen Hindernis auswich oder aus dem Weg ging. Nein, bedenkenlos taperten sie und stießen an, fielen hin, töteten oder zerschlugen sich, mal dieser, mal jener, bis mir das Herz stockte, als ich das sah. Keiner aber warnte den anderen, sondern wenn jemand fiel, lachten sie ihn aus. Immer wenn ich also einen Balken oder eine Grube sah, warnte ich einige, aber keiner gab acht, sondern einige lachten darüber, diese lamentierten, jene wollten mich erschlagen." (L 23 f.)

In dieser Notiz ist die strukturelle Unordnung und Verwahrlosung der Gesellschaft verzeichnet und damit die Widersacherschaft gegenüber dem Bildungsansatz des comenianischen Werks, das zur Ordnung prinzipiell aufruft. Im Bericht über die Handwerker durfte man indessen naiv erwarten, daß durch die Abfolge ihrer Verrichtungen die solide Verarbeitung von Rohstoffen mit jeweiliger Zwischenkontrolle des Produktionsstandes ein anhaltendes Ordnungsmuster vorgegeben sei. Doch überall traten Neid und Eifersucht hervor, und wo sich die Möglichkeit bot, verdarben sie einander die Ware. Außerdem wurde kenntlich, daß der größere Teil aller Beschäftigungen unnütz und wahnwitzig sei (L 39). Auch gaben sich Handwerker zu erkennen, deren Kunst und Wirken einzig darin bestand, kindisches Zeug zum Vertrieb der Langeweile und Vergeuden der Zeit herzustellen. Andere wieder produzierten Werkzeuge zur Grausamkeit gegen Menschen, und der Wanderer fragte, wo dabei das Gewissen bliebe? Wenn man aus jenen Arbeiten alles herausnehme, was unbrauchbar, unnötig oder schlecht sei, „so müßte man den größeren Teil der menschlichen Geschäfte fahren lassen." (L 40)

Ein Kapitel dieser vorgestellten Reise im Labyrinth der Welt widmet Comenius den Gelehrten, deren Stand er selbst angehörte. Seine Begleiter sorgten durch lebhafte Vorausschilderungen dafür, daß der Pilger mit hohen Erwartungen sich der geistigen Höhenluft annäherte. Nachdem die Zulassungsprozeduren absolviert waren, die Wächter die Eingänge öffneten, wurde zuerst die Bibliotheksabteilung und die Archivierung von Wissen gezeigt. In speziellen Gefäßen aus unterschiedlichen Stoffen erfolgte die Anreicherung, zugleich bemerkte der Pilger, daß verschiedene Leute für die eigene Arbeit nur aus den Gefäßen anderer schöpften, umgossen, verdünnten oder verdickten, andere Etiketten daran hängten und dergleichen als eigene Erzeugnisse anpriesen (L 55).

Im Raum der Gelehrten konnte der Wanderer Streitigkeiten und Schlägereien beobachten:

„Es herrschte ein Tumult. Kaum einer kam ohne Scherereien mit anderen aus; nicht nur die Jungen, auch die Alten fetzten aufeinander los. Denn je gelehrter einer war – gleichgültig, ob er sich selber dafür hielt oder von anderen dafür gehalten wurde –, um so mehr Zwietracht säte er, focht gegen die anderen rundum, haute, stach und schoß, daß man das Grausen kriegte; darauf aber baute er seinen Ruhm und Ehre. Da sagte ich: „Mein Gott, was ist das hier? Ich dachte, daß dieser Stand der ruhigste ist; denn so war mir das von euch versprochen. Aber ich finde hier nur Spannungen." (L 56)

Ihm wird nun erklärt, daß ein solcher Haß zwischen Handwerkern nicht üblich sei. Jene Künste seien handwerklich und sklavisch, dies aber seien die „Freien Künste". Ferner ließ sich eine ungewöhnliche Grausamkeit beobachten, daß die Gelehrten auch den Besiegten nicht vergaben, sondern unbarmherzig auf sie einschlugen. Alle Disziplinen, die durchmustert wurden – die Theologie einbezogen –, zeigten sich mit denselben Gebrechen in ihrer prinzipiellen Verkehrtheit.

In der letzten Straße war das Militär zu besichtigen. Dort standen Uniformierte, die darüber verhandelten,

„wie man dem Tod Flügel geben könne; damit er von nah wie von fern augenblicklich jeden durchdringen könne. Weiter darüber, wie man das, was man in vielen Jahren aufbaute, in einer Stunde auseinanderfegen könne. Ich erschrak über solche Reden. Denn was ich an menschlichen Taten sah, arbeiteten bis jetzt alle an der Bildung der Menschen und Verbreitung des Wohlstands und sprachen darüber; diese aber berieten über Vernichtung des Lebens und des Wohlstands. Blendwerk antwortete mir: „Sie bemühen sich um das Gleiche, nur ein wenig anders, nämlich durch Wegräumen dessen, was im Weg steht. Später wirst du es verstehen." (L 99)

110

Danach richtet sich der Blick auf die Soldaten in ihrer Freizeit, wo ihnen jede exzessive Lustbarkeit gestattet war:

„...sie lagen bei Futtertrogen und Eimern, in die man ihnen Essen und Trinken schüttete und woraus sie einer über den anderen schlabberten und soffen. „Füttert man hier Schweine für die Schlachtbank? Ich sehe zwar menschliche Gestalten, aber schweinisches Verhalten," fragte ich. Blendwerk antwortete: „Das ist die Bequemlichkeit dieses Standes." In dem Augenblick standen sie vom Futtertrog auf, fingen Reigen an, schwangen das Tanzbein, grölten und johlten. Blendwerk meinte dazu: „Siehst du die Freuden dieses Lebens? Was haben die sich zu sorgen? Ist es nicht lustig hier?" – „Ich warte, wie es weiter wird." Inzwischen machten sie Razzia, griffen andere Menschen an und durchsuchten sie. Danach lümmelten sie sich im Bett und trieben Sodomie und Geilheiten ohne jede Hemmungen und ohne Gottesfurcht, daß ich rot wurde und sagte: „Das darf man ihnen nicht durchgehen lassen." – „Das muß man ihnen lassen," antwortete Blendwerk. „Dieser Stand braucht völlige Freiheit." Dann setzten sie sich und schlabberten wieder, sich vollstopfend und vollsaufend, dann stürzten sie um und schnarchten." (L 100)

Mit dieser Schilderung wird auf das Extrem des Soldatenberufs verwiesen: Menschen, die sich beständig anonymen Gefahren aussetzen, ihr Leben zu verlieren oder verstümmelt zurückzubleiben, ohne daß sich eine vaterländische Sinnkomponente einbringen ließe, scheinen immer geneigt, dem Exzessiven nachzuhängen. Das sind Fälle, die auch heute in die Schlagzeilen der Presse geraten und gelegentlich bis zur Frage vorstoßen, ob militärisches Handwerk mit gesicherter Identität zu vereinen sei; ob es nicht zwangsläufig psychische Störungen einschließe? Das gilt besonders für Umstände auf asiatischen Kriegsschauplätzen, wo westliche Soldaten sich Kämpfertypen gegenüber sehen, die das aufklärerische Grundethos verwerfen, in ungeschützte Bereiche vorstoßen und die Zivilbevölkerung terrorisieren.

Comenius dürfte dabei aus seinen Erfahrungen im Dreißigjährigen Krieg die unheimliche Reflexion der Strategen auf den Begriff bringen, denen es nur darum gehen konnte, so viel Tötungskapazität wie immer möglich zu kombinieren, um als Sieger zu gelten. Im Waffendepot wurden dem Wanderer dann die schrecklichen Geräte gezeigt, die sämtlich dazu dienen, menschliche Leiber zu zerfetzen. Beim Gang auf dem Markt begegnete man den Soldaten in ihrer Freizeit, wo ihnen jede exzessive Lustbarkeit gestattet war (L 100). Der darauf folgende Bericht über eine Kampfszene mit dem Leiden der Verwundeten vermittelt einen Eindruck, wie in Henry Dunant 1850 auf dem Schlachtfeld von Solferino empfangen haben mag, als er aus dieser Erschütterung heraus sein Lebenswerk des internationalen Roten Kreuzes als Projekt in sich entstehen ließ. Der Wanderer fragt, ob es nicht klügere Wege zum Schlichten von Konflikten gebe, und weist damit auf die Möglichkeit zwischenmenschlicher Absprachen, Vereinbarungen und Verträge voraus (L 103).

In den weiteren, spannend erzählten Episoden wird über das Leben der Reichen und Berühmten berichtet, die Burg der Königin, der Palast der Weisheit bestiegen. Auch Beschwerden werden vorgetragen und erläutert:

„Man brachte eine Bitte von den Armen aus allen Ständen, in der sie über die große Ungleichheit klagten, daß andere ein Überfluß an Hab und Gut haben, sie aber Not leiden. Sie verlangten, daß es irgendwie ausgeglichen werde. Nach einer Beratung antwortete man den Armen, obwohl ihre Majestät die Königin allen solche Bequemlichkeit, wie ein jeder sie begehrt, wünsche, verlange doch die Herrlichkeit des Königreiches, daß der eine über den anderen glänze. Wegen der einmal in der Welt eingerichteten Ordnung könne es nicht anders sein, als daß Fortuna ihre Burg und Industria ihre Werkstätten besetzt halten sollten. Nur das bewillige man, daß jeder, der fleißig sei und es könne, sich aus der Armut auf jede beliebige Weise herausbehelfe." (L 133)

In einem anschließenden Lagebericht drückt sich das gesellschaftliche Klima als Ganzes aus und erfährt sozusagen seine klassische Erledigung:

„Bald danach kamen Gesandte der Untergebenen, Bauern und Handwerker, und jammerten, daß die, die über ihnen sind, nur ihren Schweiß trinken wollen, weswegen sie sie jagen und hetzen lassen, bis blutiger Schweiß fließt. Und die, die sie dazu benutzen, die machen es um so grausamer, je mehr Gewinn sie selber davon haben. Als Beweis schütteten sie einen Haufen Schwielen, blaue Flecken, Narben und frische Wunden auf und baten um Gnade. Es schien offensichtlich, daß hier Unrecht geschah, da aber der Obrigkeit gestattet war, durch Diener zu lenken, sagte man, diese seien schuld, darum ließ man sie holen. Sofort wurden Boten zu allen königlichen, fürstlichen und herrschaftlichen Räten, Regenten, Beamten, Steuereinnehmern, Schreibern etc. geschickt, daß diese sich sogleich ohne Widerrede stellen sollten. Als es geschah, wurden gegen eine Klage zehn andere gestellt: wegen der Faulheit der Untergebenen, wegen Ungehorsam, Aufstand, Stolz, wegen Übermütigkeit, wenn man ihnen nur ein wenig den Zügel lockerte, und noch viele andere und unterschiedliche Beschwerden. Nachdem man auch diese angehört hatte, wurde die Angelegenheit wieder im Rat erwogen, und es wurde den Untergebenen ausgerichtet: weil sie die Liebe und Milde ihrer Vorgesetzten nicht schätzen wollten oder könnten, müßten sie sich an deren Wut gewöhnen, weil es so in der Welt sein müsse, daß die einen herrschen und die anderen die Untergebenen sind. Außerdem wünsche man ihnen, daß sie mit Zuvorkommenheit, Nachgiebigkeit und wirklichem Unterordnen bei der Obrigkeit und ihren Stellvertretern soviel Gunst wie möglich erlangen und sie ausnützen." (L 135)

Die Modulation erhielt im Wechsel der Generationen nur geringe Varianten.

Es läßt sich vorstellen, daß die böhmisch-mährische Bruderschaft, die sich zur Emigration anschickte, mit diesem Buch eine auf ihre Situation spezifisch zugeschnittene Lektüre in die Hand bekam. Comenius hatte bereits Auslandsreisen angetreten, durch seinen Studienaufenthalt in Herborn und Heidelberg war er mit fremden Lebensformen vertraut, während angesichts der sozialen Verhältnisse seiner Gemeinde anzunehmen ist, daß sie aus seinem großen Zeitgemälde politische Organisationsformen im Großen kennenlernen konnte. Das „Labyrinth" war demnach ein Orientierungskompaß. Es bot Durchblick in der anhebenden Moderne, im Wandel der Wirtschaftsformen, in der Konzentration von Macht. Vor allem aber wies es die Leserschaft auf gänzlich neue Methoden zwischenmenschlicher Beeinflussungsformen hin. Die mittelalterliche Welt rechnete noch mit dem allgegenwärtigen Verführer: Satan war der nachgeordnete Herr der Welt; zu Zeiten konzentrierter Heimsuchungen schien er sogar der Mächtigere.

Mit der Vorlage eines fiktiven Bildes wurde der Gemeinde ein Meßtischblatt überreicht, das zu Nachprüfungen einlud, also über äußere Unterschiede hinaus zu einem Bildungsfortschritt voran helfen konnte, der die Außen- und Innenseiten menschlicher Präsenz zu unterscheiden lehrte, mithin das Gefälle zu zwanghafter Verführung minderte. Comenius verwies mit seiner Schrift auf strukturelle Schwachstellen der Person, die bei jedem unterschiedlich angelegt sind und nur durch eigene Nachsuche ermittlungsfähig geraten. Es ist verständlich, daß die Brüdergemeinde bemerkte, sie hätte außer der Bibel lediglich „Das Labyrinth der Welt" als geistliches Fluchtgepäck mitgeführt, denn beide Schriften ergänzen einander: Die Beschreibung der fiktiven Stadt erläutert die Sinnlosigkeit der darin geübten Praxis; die Bibel dagegen ist das produktive Lehrbuch eines Daseins, das sich durch den Willen eines Schöpfergottes ins Leben gerufen weiß und nach Maßgabe je eigener begrenzter Kräfte zum Gehilfen bei der Instanzsetzung der mißratenen Weltverhältnisse aufgerufen heißt, die aber wiederum nicht dauerhaft zu verbessern sind. Sobald ein Mißstand behoben ist, tritt die Befristung der Korrektur hervor. Das andere als sein Widerspruch betätigt sich als Abbruch und weiß Zustimmung auf sich zu lenken; Ungenügen wird ständig aktualisiert. Man könnte es auch als immerwährenden Atemprozeß der Gesellschaft bezeichnen. Aus der Sicht von Comenius aktualisiert sich das Unvermögen des Menschen, eine allerseits befriedbare und befriedete Welt aus eigenen Kräften herzustellen. Vielmehr wird dadurch eine Gestalt des Verfalls erneut heraufbeschworen: Hochmut und Vermessenheit, die Schöpfung aus den Händen ihres Veranlassers zu entwinden und den Allmächtigen zu einem Demiurgen herabzustufen, der die eigene Widersacherschaft nicht zu beherrschen vermag und damit das von ihm und über ihn verkündete Schöpfungs- und Erlösungswerk in sich selbst widerlegen lasse. So würde der Begriff des Allmächtigen „Schöpfers Himmels und der Erden", wie es im apostolischen Glaubensbekenntnis heißt, das alle christlichen Konfessionen bekennen, entleert und ausgesetzt. Das „Labyrinth" und die „Pampaedia" sind deshalb korrespondierende Schriften. Im „Labyrinth" zeigt uns Comenius die unbändige Neugier der Nachwachsenden, die Exploration der Welt auf eigene Faust durchzuführen, sich den zahllosen Verheißungen von Abenteuer hinzugeben und nicht zu erkennen, welche Mittel der „Fürst dieser Welt" bereit hält, junge Menschen den Verlockungen auszuliefern, das angeborene Differenzierungsvermögen stillzulegen. Comenius zeigt aber auch mit dem Aufweis von Verblendungsmitteln, daß in den Jugendlichen Potentiale stecken, die sehr wohl in der Lage sind, ihr Mißtrauen zu kultivieren, mit eigenen Anfragen an die Wirklichkeit heranzutreten.[22]

Das korrespondierende Angebot steckt in der „Pampaedia": Mit dem Motto, das ganze Leben sei eine Schule, eröffnet Comenius eine Theorie, die diesen Namen verdient, denn der Wortstamm von *Theorie* ist als „schauende Wahrnehmung eines Ganzen" und deren Erklärung zu übersetzen. Das Ganze des menschlichen Lebens ist unter dem Konzept unablässigen Wachstums gefaßt und Stillstand mit dem Ende des Daseins gleichgesetzt. Was heute unter lebenslangem Lernen, Weiterbildung, Gerontagogik u. a. parzelliert erörtert wird, erreicht den Spannungsbogen nicht, weil eben ein Ganzes nicht eingetragen werden kann. Es läßt sich nämlich nur unter der Vorgabe universaler Geschöpflichkeit des Menschen beanspruchen und lediglich in dieser Perspektive der Rahmen als *Schule* auffassen. Es meint ein Kontinuum von Veranwortungsverhältnissen in der Abfolge von Generationen. Ein Jahrhundert nach Comenius hat Gotthold Ephraim Lessing in seiner Schrift „Die Erziehung des Menschengeschlechts" dazu den weltgeschichtlichen Leitfaden nachgeliefert, daß Gott in seiner verborgenen Pädagogik mit der vorläufigen Offenbarung durch Mose am Berge Sinai den Hebräern

eine Entwicklungsspanne verschaffte, in der dieses Volk durch Belehrung reifen konnte, indem weitere Lehrer, Chronisten, Verkün-
der, Scheltprediger, Tröster und Propheten im Verlauf wechselnder
Geschlechter die mentale Gesamtbefindlichkeit jenes wandernden
Gottesvolkes so weit erschlossen hatten, daß Gott mit der Person
des Jesus von Nazareth die erweiterte Offenbarung als Angebot der
Menschheit vorlegen durfte und jenes hebräische Aufbruchsvolk
lediglich eine Etappe der Geschichte Gottes mit der Menschheit
darstellte. Gleichwohl braucht es sich durch die mehrfachen Etappen seiner Gola nicht als verstoßen zu wähnen; der Bund mit ihm
ist nicht gekündigt, wie Martin Buber zu Beginn der nationalso-
zialistischen Herrschaft in Deutschland unbeirrt aussprach.[23]

Schule also kann sich in theoretischer Fassung als das Binde-
glied in der Gattungsgeschichte ansehen, und alles kommt darauf
an, den Lehrern sämtlicher Schultypen dafür ein Bewußtsein zu erschließen, das Bildungswesen als Korporation aufzufassen. Comenius fordert in seinen Ausführungen über die Grundschule und deren Kollegien, der dort tätige Lehrer müsse der weiseste sein und
seine materielle Vergütung solle ihn entsprechend hervorheben
(P 193).

An der Schwelle zum 21. Jahrhundert können wir vielleicht er-
messen, daß Comenius recht mit seiner Forderung nach der Einrichtung von Ganztagsschulen hatte. Seine Theorie beruht auf einer
genialen Gesellschaftsanalyse. Er erkennt, daß die sozialen Gesamtverhältnisse kaum förderliche pädagogische Impulse enthalten.
Außerordentlich knapp formuliert er:

„1. Die Schulen, wie sie jetzt sind, bekommen Kinder zugewiesen, die durch ihre
erste Behandlung bereits verdorben sind. Es macht doppelte Arbeit, ihnen erst
das Schlechte abzugewöhnen und dann das Bessere beizubringen. Das ist
verwirrend, lästig und oft erfolglos.
2. Die Kinder sind den Schulen nicht gänzlich anvertraut, sondern nur für einige
Stunden. So kommt es, daß sie täglich in ihre alten Gewohnheiten zurückfal-

len, täglich mehr verdorben werden und gegen das Bessere Widerwillen empfinden." (P 93)

Nun verfaßte Comenius diese beiden elementaren Einwände gegen die pädagogische Qualität der Umwelt in einer Epoche, als Verfehlung und Schuld noch von der Kanzel herab an jedem Sonntag durch das Megaphon Gottes allen Menschen verkündet wurde, während heute intelligente Drehbuchautoren das Verworfene raffiniert aufbauen, so daß es anzieht, man ihm als Zuschauer verfällt und dabei das einfache, sittliche Empfinden verunsichern läßt. Schule hat es zuerst mit der erzieherischen Einstimmung zu tun, um das Positive in der Hoffnung anzubieten, daß es die Angesprochenen festige.

Inzwischen stehen alle europäischen Regierungen, gleichviel auf welche Koalitionen sie sich jeweils stützen, vor gleichen Problemlagen. Den sich nunmehr ohne jede Hemmschwelle ausbreitenden Kapitalismus könnte nur eine zum Bewußtsein der Vernunft und damit zu sich selbst gelangende Menschheit aufhalten, indem sie sich der dafür erforderlichen Durchsetzungsmittel bediente. Für ihre Zwecke plant demgegenüber das jeweilige Einzelkapital, wie die Profitspannen zu steigern seien. Das erfordert die Okkupation des *Geschmacks* der Nachwachsenden im weitesten Sinne; gelingt dies dem Produzenten mit der Exklusivität seiner Ware, so sichert er den Erfolg intergenerativ. Dabei kann er sich zeitweise im Bunde mit anderen befinden; die Kapitale – summarisch betrachtet – aber sind neidische Partner. Ihre Aktionen werden feindlich, sobald sich in der unerbittlichen Klarschrift der Börse ein tendenzieller Fall der Profitrate anzeigt.

Der entfesselte globale Kapitalismus bedient die jugendlichen Konsumenten. Seine Analysten vermelden, welche Neigungen sich bei den Heranwachsenden abzeichnen und wo daher die Angebote zu vervielfältigen und zu standardisieren seien. Auf dem Markt der Süßigkeiten und Getränke zum Beispiel hat die geschmackliche

Obsession überwältigend gesiegt. Mit der Normierung der Kleidung setzt das Diktat in der Vorpubertät ein. Die Diskussion um Schuluniformen hält dagegen.

Der andere Ausgriff auf die jugendliche Mentalität geschieht in Hinsicht auf die Einnahme der Gefühle, oft noch begünstigt durch familiäre Anschaulichkeit: Wo der Stärkere sich durchsetzt, Gespräch und verbaler Ausgleich, die Bearbeitung von Mißverständnissen und aggressiven Potentialen nicht stattfindet und von den Kindern nicht korrigierend erlebt wird, ist bereits ein individueller Baustein zur Demokratie verloren. Sie bleibt nämlich ein Stück Papier und bedarf frischer Eindrücke, um sinnvoll in ihr zu leben.

Die *Ganztagsschule* bietet daher im Sinne von Comenius eine Stätte, die im Klassenverband versammelten Kinder und Jugendlichen zum Umgang miteinander anzuleiten, anfallende Mißverständnisse aufzuarbeiten, anstelle von Beschimpfung, Rückzug oder Verruf sorgfältiges Zuhören einzuüben. Die öffentliche Schule wird damit zur wichtigsten sozialen Einrichtung erklärt.

Um aber die grundlegend menschenfreundliche Orientierung voranzubringen, verweist Comenius auf folgende Eckpfeiler seiner Methode. Zunächst

„soll durch den frühen Beginn einer rechten Führung von vornherein verhütet werden, daß Sitten und Sinne verderben...Die Kinder sollen in der Gemeinschaft von weisen, ehrenhaften und fleißigen Menschen nur Weises, Ehrenhaftes und Frommes zu sehen, zu hören und zu tun bekommen. Und das soll...nicht auf lästige Art oder mit Zwang geschehen, sondern stets durch lustige Übungen und freudiges Mittun." (P 93 f.)

An dieser Perspektive läßt sich lernen, daß hier offenbar von einem pädagogischen Mischungsverhältnis die Rede ist, daß man Kinder zum Guten locken möge (P 93) und daß vom Lehrpersonal Weisheit, Ehrenhaftigkeit und Fleiß erwartet werde, Zwang zu vermeiden sei und an deren Stelle „lustige Übungen und freudiges

Mittun" sich durchsetzen sollten. Es versteht sich, daß angesichts heutiger Liberalität dergleichen unerbittliche Konturen Irritation und wohl auch Ärger auslösen. Angesichts der ständig gefährdeten Demokratie aber wird neu zu lernen sein, daß sie zweifellos nicht verschenkt wird, sondern hart zu erringen ist. Der Verfall der Gesellschaft wird von den Rändern her sichtbar und dringt ins Innere des politischen Organismus vor. Allein die angemessene Terminologie bringt anhaltende Schwierigkeiten mit sich. Grundlegende Entscheidungen über die Organisation der Schule würden bereits viele Steine aus dem Wege räumen. Das Lernpensum von Comenius bietet keine Rabatte; es ist solides Denken. Unser Phlegma ist selbst durch den Vorausblick auf kommende schmerzliche Einschnitte nur schwer zu irritieren.

Eine Option für die Ganztagsschule geht von der Erkenntnis aus, daß der freigestellte Kapitalismus als Spiel- und Explorationsfeld der Heranwachsenden keine Impulse bietet, aus denen sich zwischenmenschlicher Umgang, Hilfsbereitschaft, Höflichkeit, vertrauensvolle Ansprache, nachdenkliches Verweilen und dergleichen lernen ließe. Der kapitalistische Alltag besteht aus dem Minutentakt des Perspektivenwechsels, eindrücklich im Farbenspiel von Lichtreklamen wahrnehmbar. Zudem bietet der Untergrund dieser Flimmerwelt immer schon die Offerte zur Kriminalität als Impuls schneller Zugriffe. Die nutzlos vertanen Stunden im Schlendern durch diese Welt, die Comenius als *Labyrinth* hinlänglich entwirft, ist ein Diebstahl an Lebenszeit. Dafür könnte eine Ganztagsschule mit den besten Ausrüstungen gediegene Information mit dem Schlüssel zu deren kritischer Gegenrede anbieten. Daraus lassen sich Kenntnisse gewinnen, die anschließend im Elternhaus und am Familientisch auch zu kontroversen Gesprächen die Grundlage gemeinsamer Bildung und Verständnis füreinander anleiten könnten. Mit der Vereinigung der beiden deutschen Teilstaaten 1990 ist der Versuch einer zehnjährigen allgemeinbildenden „polytechnischen Oberschule" in der ehemaligen DDR beendet worden. Er erhob den

Anspruch, Kultur- und Arbeitswelt im Rahmen von Schule zu verbinden, so daß die Nachwachsenden unter fachgerechter Anleitung eine Einführung in die industrielle Produktion erhielten.

Lernen mit Comenius heißt mithin, in einen Austausch über das *Schulleben* neu einzutreten, die Bedingungen zu analysieren, unter denen sich für eine Mehrzahl von Kindern und Jugendlichen gegenwärtig das Aufwachsen vollzieht, wobei nicht nur die steigende Kriminalitätsrate, Einstieg und Verbleib in der Drogenwelt und die allgemeine Bindungslosigkeit sich verdeutlichen, sondern die generelle Armut an Anregungen und die Herausforderung, sich als Mitträger ihrer Lebensgemeinschaft zu profilieren.

Der Aufbau einer *Gesamtschule* hängt für Comenius damit zusammen, daß sorgfältig ausgebildete Lehrer bereitstehen, verantwortungsbewußt ihre generationsübergreifende Aufgabe wahrzunehmen und dafür über die entsprechende Charakterfestigkeit verfügen. Eine solche pauschale ethische Forderung für eine Berufsgruppe zu erheben ist problematisch, weil sie sogleich auf Kritik stößt und auf den Vorwurf, hier werde einem Berufsstand die Korrektur gesellschaftlicher Schäden übertragen, die nur von allen vorgenommen werden könnte. Dieser Einwand ist freilich zulässig, doch sind elementare gesellschaftliche Bruchstellen eingetreten. Wenn sich derzeit bei der Vermittlung von Lehrstellen für Hauptschüler als Hemmnis ergibt, daß viele von ihnen unsicher in der Rechtschreibung verbleiben und Schwierigkeiten in der einfachen Rechenkompetenz aufweisen, so liegt es nahe, den Lehrern Trägheit anzulasten. Einer unserer Bundeskanzler hat das noch drastischer ausgedrückt und damit das öffentliche Vorurteil unbedacht vertieft: sie arbeiteten nur vormittags, und am Nachmittag seien sie frei.

Wenn aber Jugendliche heute in ihrer Grundbildung, d. h. im sicheren Gebrauch der Kulturtechniken nachweislich unsicher sind und Handwerk, Industrie und Technik zur Ablehnung der Bewerbung veranlaßt, so darf dies nicht allein didaktischen Mängeln bei der Lehrerschaft zugeschrieben werden. Es hängt mit der Komplexität und Aufgeregtheit der Welt zusammen. Niemand kann gegen seinen Willen lernen; er kann nur belehrt aber nicht belernt werden, wenn er die Angebote nicht als aktiver Partner eines gemeinsamen intellektuellen Geschehens versteht. Die flimmernden Ereignisse, die als Rundumvision das Bewußtsein benebeln, machen es für junge Menschen mit ihren hochempfindlichen Sensoren schwer, destruktiven Kräften zu widerstehen.

Um so mehr ist einzusehen, daß nur eine *Ganztagsschule* mit den Jugendlichen vorankommen kann, die in jedem von ihnen vorhandenen, vielleicht aber verborgenen Anlagen aufzudecken. Die Vielfalt von Lernangeboten verspricht Erfolg, und ein Training, wie Jugendliche es verstehen, kann kooperativ förderlich werden. Ein dafür erforderlicher Zuschnitt von Gesamtschule heute verlangt hohe Einrichtungsgelder, und die Gesamtanlage wird sich verteuern, je höhere Differenzierungsstufen der globale Monitor anmahnt. Vorauszusehen ist, daß sich ein bildungsfeindlicher und antipädagogischer Affront mit Nachdruck in die politische Diskussion einbringt. Heute wird bereits mit Verweis auf die weltweite Konkurrenz unter Spitzenbegabungen gesprochen; dafür brauche man Eliteanstalten und dürfe keine Ausgaben scheuen, denn nur die Aufrücker in die oberste Etage der Verwertung könnten wesentlich zum Erhalt und zur Steigerung des Wohlstandes beitragen.

Die Animosität gegenüber der Gesamtschule hat seit dem Bestehen der Bundesrepublik Deutschland auch zurück im Blick auf die DDR mit dem Vorwurf sozialistischer Gleichmacherei viele Agitatoren gefunden; jetzt wird das Veto mit ökonomischen Einwänden fortgesetzt. Wenn also eine veränderte Schulorganisation zum Wohle aller nicht zustande kommt, so wird die Teilung der Bevölkerung in arme und reiche Bürger unaufhaltsam voranschreiten und die Solidarität der Gesellschaft mindern. Sie nicht widerspruchslos und ohne Kampfbereitschaft hinzunehmen, bezeugt, ob der politi-

sche Widerstand seit der Befreiung vom Faschismus als Moment
von anhaltender Opposition vorangekommen ist.

Angesichts der Unverschämtheit solcher Proklamationen springt
König Salomo auf und ruft

„Wahnwitz über Wahnwitz, alles ist wahnwitzig! Kann man etwas Krummes
gerade machen? Oder Fehlendes zählen?" Und er stand samt seinem Gefolge auf,
mit großem Hallo, und zog direkt zum Thron der Königin (ohne daß es weder der
wütige Rivale noch die gepanzerten Soldaten verhindern konnten, weil sie durch
Schrei und Glanz bestürzt waren, wie auch die Königin selber mit ihren Räten).
Er streckte seine Hand aus und riß der Königin den Schleier vom Gesicht, der,
obwohl er so kostbar und prachtvoll schien, nur ein Spinngewebe war. Ihr Antlitz
war leichenbleich, aber aufgedunsen, ein paar rote Flecken auf den Wangen, aber
nur von Schminke (was sich an einigen abgeblätterten Stellen zeigte), Hände
krätzig, der ganze Körper abstoßend, der Atem stinkend. Darüber entsetzte ich
mich wie alle Anwesenden auch. Wir standen erstarrt." (L 138)

In dieser Szene drückt sich die Grundbewegung der ästhetischen
Erziehung aus: Alle müssen angehalten werden, ihre Verblendung
selbst zu beenden, indem sie die als kostbar vorgetäuschte Staffage
herabreißen und die prächtigen Schleier als „Spinngewebe" durch-
schauen, das Häßliche und den „stinkenden Atem" empfinden und
damit den eigenen Sinnen das Urteilsvermögen zurückgeben. Salomo wendet sich danach den königlichen Räten zu, nimmt ihnen
die Larven ab und fällt sein Urteil:

„Ich sehe, daß anstelle der Gerechtigkeit Ungerechtigkeit herrscht und anstelle der Heiligkeit Scheußlichkeit. Wachsamkeit ist Misstrauen, Vorsicht
Schlauheit, Freundlichkeit Lobhudelei, Wahrheit nur Einbildung, Eifer Wut, Tap-
ferkeit Dreistigkeit, Liebenswürdigkeit Mutwille, Arbeitsamkeit Sklaverei,
Scharfsinnigkeit Mutmaßung, Frömmigkeit Heuchelei etc. Ihr wollt an der Stelle
des Allmächtigen Gottes die Welt regieren? Gott wird jedes Werk, ob gut oder
böse, vor ein Gericht über alles Verborgene bringen. Ich werde gehen und der
ganzen Welt verkünden, daß sie sich nicht verführen und täuschen lassen soll."
(L 138)

Die Episode bietet Anlaß, das Schöne mit dem Guten und Wahren in Verbindung zu sehen und an die pädagogische Herkunft seit der Antike zu erinnern. Zuwachs an Sensibilität bietet die Grundlage, auf der Bildungsprozesse vorankommen können. Rohheitsdelikte von Jugendlichen, die in sensationeller Aufmachung eine breite Öffentlichkeit schockieren, sind als gesellschaftliche Notstände aufzufassen. Die zur Hilfe erforderliche ästhetische Theorie bedarf politischer und philosophischer Zusammenarbeit.

Im Aufriß der Gesamtschule eröffnet sich schließlich ein Problem, das in der gedanklichen Fülle des *Labyrinths* bereits angesprochen ist und nach gründlicher Reflexion verlangt. Es ist die Frage nach der *ästhetischen Bildung*, wie die Kräfte des Schönen sich erwecken ließen. – Friedrich Schiller hat in seinen *Briefen über die ästhetische Erziehung des Menschen* deutlich gemacht, daß Bildung davon abhinge, ob jemand für das Schöne erschlossen sei; bliebe er davon unberührt, so gelange er aus dem Barbarentum nicht hinaus. Jenes Schöne könne seelisches Gestaltungsvermögen freisetzen, unter dem sich die Höherentwicklung der Gattungsgeschichte denken ließe. Schiller stieß darauf, weil er 1789 die Französische Revolution lebhaft begrüßt hatte und seinerseits dort zum Ehrenbürger ernannt wurde. Als aber in kurzer Abfolge der enthusiastische Aufschwung sich in entsetzliche Grausamkeiten und Metzeleien untereinander verkehrte, wurde ihm klar, daß politisches Handeln erst durch das *Schöne* hindurchgehen müsse.

Kapitel VIII: Umdenken in Zeitbrüchen

Mit seiner romanhaften Schilderung über das Labyrinth der Welt führt Comenius den lernwilligen Menschen in die äußerste Verkehrtheit und exemplarische Vernunftwidrigkeit anstelle erwarteter Schöpfungsordnung ein, zeigt aber im untrüglichen Gefühl des Irregeleiteten, wie dessen Gewissen nicht verstummt, das in ihm angelegte Gute sich rührt, sein Protestvermögen nicht stillzulegen ist. Auf diesem Hintergrund läßt sich zeigen, wie gegenwärtige Organisationsmuster gegenüber der Vorlage aus dem Dreißigjährigen Krieg sich ausnehmen. Das liegt nahe, wir führten nämlich im 20. Jahrhundert zwischen 1914 und 1945 sozusagen einen weiteren Dreißigjährigen Krieg.

Wer sich auf die Schriften von Comenius einläßt, hat es zuerst mit einer befremdlichen Anmutung zu tun. Denn wir stoßen bei ihm unablässig auf die Chiffre *Gott*, als ob wir unbewußt einer versteckten höheren Wirklichkeit angehörten. Der böhmische Prediger scheint aus einer unversieglichen Quelle zu schöpfen, die wir Menschen des 21. Jahrhunderts mit Verlegenheit, vielleicht aber auch mit gewisser Sehnsucht wahrnehmen. Denn wenn es unserer Generation gleichermaßen gelänge, ließe sich das Vertrauen in die Ordnungsmöglichkeit des Globus trotz vielfältiger Schübe zur Destruktion vielleicht erhalten. Die Menschheitsgeschichte ist gleichwohl nur mit Beklemmung nachzulesen, denn wo verstärkten sich die Anzeichen, daß die stetige Ausplünderung der armen Länder und die alltägliche Gleichgültigkeit sich verringerten?[24]

Freilich bot dies, auf eine schlichtere Ebene übertragen, immer bereits die trübe Bilanz eines anderen Buchtitels von Comenius „Mahnrufe des Elias": Wie im alten Israel fruchteten die verschiedenen Appelle der Propheten kaum. Der Zwölf Stämme-Verband blieb störrisch. Vielfältige Züchtigungen und schwere Strafen bis zur Drohung einer gänzlichen Verstoßung Israels stifteten kaum Sinnesänderung. Entsprechend zeigte die politische Struktur Mitteleuropas wenige Anzeichen für den Aufbau einer sensiblen Region, die das Erbe der klassischen Antike wie des Christentums zu wahren und zu mehren unternahm. Jeweilige partielle Interessen und Egozentrik überwogen. Hätte Comenius jedoch mit resignativer Einstimmung seine Botschaft vorgetragen, so wäre der Skeptizismus hinsichtlich der Aufbruchsbereitschaft der vielen kleinen Gemeinden kaum gewachsen, jedenfalls nicht das vorangebracht, was zu übergreifendem Dienst, d. h. zu christlicher Existenz motiviert hätte. Unmeßbare böse Erfahrungen hatten immer schon die Gesellschaft durchwirkt. Mithin vermied Comenius deprimierende, wenn auch unbezweifelbare Erinnerungen. Sein pädagogischer Grundbegriff ist auf *Ermutigung* und Stärkung des Vertrauens angelegt. Allein der Glaube bietet ihm den Wegweiser, und dieser zeigt ihm die Schöpfungstheologie: Gott hält in der altertümlichen Begrifflichkeit Himmel und Erde im Umlauf.

Heißt es nun lernen *mit Comenius* oder doch nur lernen *über* ihn? Immerhin ist er eine starke Figur in der europäisch-abendländischen Abfolge pädagogischer Ideengeber. Sie gilt für die Gestaltung eines Verhältnisses zwischen Geburt und Tod, mit dem jeder Einzelne selbst sich als aufsteigende oder als abnehmende Größe befindet und gleichzeitig als Mitsprecher für die angemessene Ausgestaltung dieser Umstände. Daraus ergeben sich Zeitprofile, und jedes blickt auf den eigenen Darsteller zurück, provoziert, teilt mit und kann zum Experiment oder zur Nachfolge anregen. Indessen läßt sich mit Comenius kein Handel aufmachen, ob sich seine mit dem schönen Wort „Fortschrittlichkeit" belegte Pädagogik, wie in der DDR-Rezeption unternommen, durchsetzen dürfe? Denn gewiß war sie ein harter Brocken für jenen Sozialismus, der mit Lenin und Stalin die weltgeschichtliche Bühne betrat und die große

Philosophie von Marx zur kruden Einleitung im Unmittelbaren herabstufte. Freilich hatte der europäische Mensch der Neuzeit sich von der Aufgabe, Gott in seinem Dasein spiegeln zu sollen, weithin frei gemacht. Das große Wort „es werde Licht" ließ die Urfinsternis weichen und ordnete den Lebensrhythmus, seit das All sich durch den Menschen denken lässt. Das meint, sich in seinen Zuständen als rückgebunden an den Schöpfer zu verstehen und darum ohne geistlichen Zusammenhang mit dem universalen Urheber nicht wissen zu können.

Lernen mit Comenius meint, daß die von ihm exemplarisch durchlittenen Jahrzehnte europäischer Geschichte Brocken an Weltzeit enthalten. In keiner der uns näher stehenden und einfühlbaren Generationen erfüllte das Heilige seine Kraft hinlänglich. In der Auseinandersetzung der beiden großen Konfessionen war das Gebot des geduldigen und barmherzigen Umgangs kaum erfahrbar. Darauf folgte das Zeitalter der Emanzipation des Menschen zur Vernunft zwischen dem 17. und 19. Jahrhundert; es reichte vom Agnostizismus bis zum kämpferischen Atheismus.

Lernen mit Comenius im 21. Jahrhundert fragt hinter die Zeitbrüche zurück und stellt die zum Nachdenken bereiten Generationen vor Probleme, die zuvor nicht benennbar waren. Gänzlich anders ist zudem, daß eine weitere Weltreligion, die für das 17. Jahrhundert noch sehr fern lag, sich einschleust und eine weltpolitische Bilanz aufzumachen ist. Das immer noch als christlich aufgefaßte Abendland gerät in Zweifel. Im Vergleich zur Epoche von Comenius, in der von einem gnädigen Gott die Rede war, der von seiner Schöpfung lediglich die Rückspiegelung seiner Allmacht im Gestus irdischer Dankbarkeit einforderte, erfolgt jetzt von der religiösen Großmacht Islam her eine Darbietung von Anklagen gegen das Gesamtsystem, das uns seit zweitausend Jahren trägt. 1096 erging von Frankreich und Deutschland aus der Aufruf zum Kreuzzug, und 1099 eroberten die Kreuzfahrer das inzwischen islamische Jerusalem. Die Chroniken berichten, daß alles, was von Muslimen und

Juden aufzuspüren war, niedergemetzelt wurde, bevor die Kreuzritter die Grabeskirche erreichten und im Gedenken an ihren Erlöser weinend niederknieten. Fortan begann auch die Kaufmannschaft mit dem Orient und der Aufbau des Handelskapitals mit den Metropolen Venedig und Genua.

Die Anklage lautet, daß wir die zur historischen Belichtung gelangte Religion aus dem antiken Palästina sorgfältig überprüfen sollten, ob sie die Elemente zur Versöhnung der mannigfachen geschichtlich ausdifferenzierter Kulte enthält und beiträgt, schlichten Ausgleich bis zur Abstimmung divergierender weltanschaulicher Machtblöcke zu bewirken, deren kulturelle Empathie noch nicht hinlänglich entwickelt ist, um auf den Triumph äußerlicher Siege und deren Abglanz verzichten zu mögen.

Folglich gilt es, der Disziplinierung eines Lebens vor vierhundert Jahren nachzudenken und in jenem Abschnitt europäischer Gesamtgeschichte auch die Grenzen des Erträglichen wahrzunehmen. Der Festigungsprozeß von Glauben empfängt dadurch Nachdenklichkeit. Diesen Vorgang auf Zwischenstufen zu verfolgen, ermöglicht die innere Wahrnehmung anderen Lebens, aus dem das nachempfindende, sich zurückversetzende Bewußtsein Impulse empfängt. *Heinz-Joachim Heydorn* faßte solche Vorgänge in die Formel: Nur der Mensch mache dem Menschen Hoffnung.[25] Dieser Erkenntnis wird derjenige beizupflichten vermögen, der die Impulse seines Lebens und jene Ansätze zu bestimmen unternimmt, die in der Erinnerungsarbeit als die unbezweifelbar voranhelfenden Kräfte beharren. In der Geschichte der Pädagogik bietet sich kein anderes Beispiel, das unter nahen Aussichten auf neues Heimrecht die Bitterkeit nachfolgender Enttäuschungen anzuerkennen und vor allem der Gemeinde zu vermitteln hatte. Da *Bildung* als solche nicht zu überprüfen oder zu messen, vor allem nicht als ablösbares Charaktermerkmal aufzuweisen ist, bleibt nur deren Abstrahlung von Lebenskraft, namentlich, wenn Chaos zu überwältigen droht. Solcherart Verzweiflung ist einfühlbar, sobald einer gläubigen Gemeinschaft die symbolische Mitte ihrer Hoffnung schlagartig entzogen wird, wie es sich in poetischer Übersetzung nachstimmen läßt, also in indirekter Weitergabe einer Botschaft aus dem All, die zum Einsturz von Glaubensgewissheiten hinreicht. Ein solches Dokument lähmender Angst verfaßte *Jean Paul* (1763 – 1825) unter dem Titel „Rede des toten Christus vom Weltgebäude herab, daß kein Gott sei" und beschrieb die letzte Einsamkeit des Menschen, den Einbruch der Weltraumkälte. Ans Herz greift das Weinen der Kinder, die nicht fassen können, daß sie keinen Vater haben sollten.[26]

Das Denken von Comenius läßt sich abrufen, sein Lebensgang enthält alles. Unstreitig ist seine Standhaftigkeit innerhalb einer Querlage von Vernunft und wachsender politischer Verwirrungen. Im schieren Erlöschen der Barmherzigkeit bewahrte er die Kraft des Vertrauens, daß der Schöpfer und Erhalter der Welt denjenigen stütze, der sich bereit finde, die geforderten kleinen Eingriffe zu vollziehen, ohne der Vermessenheit aufzusitzen, das Schöpfungswerk dauerhaft zu konsolidieren, ihm eine Festigkeit zuzusprechen, wie sie die jüdisch-christliche Geschichte niemals dauerhaft darzubieten vermochte. Sie zeigte sich nur unter der Signatur einer Gesamtverheißung als Verkündigung: Gott wolle das anhaltende Gute für das von ihm eröffnete Werk.

Im 21. Jahrhundert dringt die von Mohammed als abschließende Offenbarung proklamierte Lehre nach mehrfachen begrenzten Versuchen zügig in Europa ein. Dabei kam ihr eine unbewußte Blindheit gerade von deutscher Seite entgegen, als man bloße Arbeitskraft ohne mitgeforderte deutsche Sprachkompetenz aus Anatolien herbeirief, um das Industrievolumen zu vergrößern und zukunftsträchtige Produktionszweige aufzubauen. Dieser Prozeß hält bekanntlich nicht nur an, sondern versetzt mit dem Eintritt in das globale Zeitalter alle Staaten in fahrige Unruhe; es geht um das zügige Wachstum der Profitrate. Die Fieberkurve alltäglicher Börsenberichte zeigt, daß die Zeitlichkeit ihre chronologische Fassung mehr und mehr einbüßt und daß die Menschen damit ihre Einstimmung gefährden.

Die deutsche Wirtschaftspolitik der Adenauer-Ära hätte indessen damit fortfahren können, die Quote der zuerst aus Portugal, Spanien und Italien eingeworbenen „Gastarbeiter" zu erhöhen, sofern man damals bereits Migrationsproblemen Aufmerksamkeit geschenkt hätte. Im Zuge der ursprünglichen Planung wären nämlich millionenfach südeuropäische Familien nach Deutschland hineingezogen worden, die katholische Bevölkerung merklich angewachsen, also das, was die Strategen innerhalb der CDU/CSU heute zurücksehnen. Dieser Ansatz löste aber in den 50er/60er Jahren noch keine zwingende Diskussion aus. Rasche Steigerung der Gewinnspannen bot das Leitmotiv. Inzwischen sind die kinderreichen türkischen Familien allen vor Augen, und das Nachdenken ist rege, durch welche sozialpolitischen Maßnahmen es gelingen könne, die Bereitschaft junger deutscher Paare zu fördern, die Mehrkinderfamilie als eigene Lebensplanung aufzunehmen.

Nun also ist jener erwägbare kräftige Anschub katholischer Familien durch südeuropäischen Zuzug nicht erfolgt, mithin christliches Kulturgut nicht angereichert worden, sondern die andere Religion präsentiert sich in Deutschland. Moscheen und Minaretts in unseren Stadtsilhouetten lösen Befremden bis Erschrecken aus. Mehrheitlich aber treffen sie doch wohl nur auf Gleichgültigkeit, weil religiöse Symbolik tiefer gehende Reflextionen nicht auslöst, dazu müßte Denken in historischen Mustern eingeübt worden sein. Diese Gemengelage trifft nun in Deutschland auf nicht unbedeutende historische Umstände: unsere faschistische Vergangenheit ist in der intergenerativen Tiefenschicht auch in der dritten und vierten Generation noch wirksam, vielleicht sogar kräftiger, als sie es in der zweiten Hälfte des vergangenen Jahrhunderts war. Damals ging es vor allem um hinlängliche Erklärungen, jetzt handelt es sich um Deutungen der eigenen Geschichte im Epochenschub.

Solches Lernen ist daher auf einem noch kaum betretenen Felde weiterzuführen. Was sich an Denkhilfen für die jetzigen offenkundigen Bruchstellen unserer Geschichte aufnehmen läßt, ist mit der Wiederaneignung eines christlichen Weltbildes zu bearbeiten: Comenius hat in unermeßlichen Bedrängnissen für sich selbst, die Familie und Gemeinde und schließlich für Europa an der Schwelle der Aufklärung seine Erkenntnisse veröffentlicht, die sich aus unerschrockener Nachfrage und aus seinen Glaubensüberzeugungen herleiteten, also die beiden Quellen zur Einsicht in die empirischen Vorgegebenheiten wie in die intelligible Welt einbezogen. Er überprüfte seine historischen Bedingungen und erkannte, daß er sich der Vertrauensvorgabe nicht entziehen dürfe, sich in öffentlicher Rede darzubieten habe. So forderte er dazu auf, von der Vernunft uneingeschränkt Gebrauch zu machen, denn sie sei die vornehmste Gabe des Schöpfers für den homo sapiens, und alles, was gegen die Vernunft getan werde, sei dem Bösen zugehörig und werde mit Gewißheit von Gott geahndet.

Angesichts dieser für wahrhaftig gehaltenen religiösen Wirklichkeit wäre folgendes zu überlegen: Der Islam als dritte Offenbarungsreligion, die sich selbst als die letzte kennzeichnet, könnte zur Weiterentwicklung des Verständnisses von Religion beitragen. Bekannt ist, daß christliche Gottesdienste sich auf einer Schwundstufe befinden und von Jahr zu Jahr geringer besucht werden. Manche Gemeinden vermieten oder verkaufen ihre Räume, weil sie finanziell nicht mehr zu unterhalten sind; viele kirchliche Dienste, besonders im elementar wichtigen sozialpädagogischen Bereich, lassen sich nicht fortführen. So ergibt sich die Frage, ob abnehmende christliche Präsenz und wachsende muslimische Bezeugung nicht im gemeinsamen Glauben an den geoffenbarten Gott, in der Bibel und im Koran gleichermaßen ehrfürchtig bezeugt, auf die Instandsetzung der Welt im comenianischen Sinne übereinzukommen vermögen? Christlich gesehen geht es um das Wort Gottes, das nicht nur in allen Sprachen verkündigt wird, sondern unter sämtlichen sozialen Formationen vernehmlich ist. Parallele Umstände lassen sich auch für den Islam bezeugen; in Hinsicht auf die Toleranz ist anzumerken, daß er einen höheren Grad von Duldsamkeit zu produzieren vermochte, als dies den Christen nachzusagen ist. Die Muslime begründeten ihre Toleranz mit dem Verweis darauf, daß Juden wie Christen über geoffenbarte *Buchreligionen* verfügten und darum inmitten der Korangläubigen wohnen und Handel treiben dürften; die Mission galt nur den *Heiden*. Stellt man daneben vergleichsweise die *Reconquista* in Spanien, aus dem man im 15. Jahrhundert christlicherseits Araber wie Juden unter die Alternative *Tod oder Taufe* stellte, so liegt in der muslimischen Devise ein Unterschied ums Ganze.

Eine volle Mitgliedschaft der Türkei in der Europäischen Gemeinschaft wäre gerade für Deutschland als Ursprungsland der Reformation und folglich der großen konfessionellen Differenzierung in Protestantismus und Katholizismus bedeutsam, weil von Mitteleuropa aus der Kanon unumgänglich notwendiger politischer Kooperation sich anregen ließe. Bei dergleichen Erwägungen über mögliche bürgerliche, religiöse und weltanschauliche Integration zeichnen sich am Beginn des 21. Jahrunderts bereits gewisse Merkmale ab, daß gläubige Menschen sich gleichermaßen zur Revision historischer Einschnürungen anschicken. Die *ökumenische Bewegung* zeitigt Spuren. So hat z. B. auch im Vatikan die Diskussion darüber begonnen, ob man über die Ehelosigkeit der Priester erneut befinden solle. Denn der Zölibat im Klerus, für viele Menschen eines der Hauptmerkmale zur Unterscheidung der beiden Großkirchen, ist erst 1139 im Vatikan fixiert worden, während die griechisch-orthodoxe Kirche sich in diese Vorschrift nicht einbezog.

Aber auch im Gefüge des Islam kennzeichnen sich Bewegungen, die auf eine Anpassung an das moderne Empfinden hindeuten, obwohl es autoritativ und verbindlich schwieriger als im Katholizismus zu kodifizieren ist, weil der Islam über keine dem päpstlichen

131

Stuhl vergleichbare, weltweit vernehmliche Entscheidungsinstanz verfügt, denn im Vatikan gilt seit 1872 das päpstliche Unfehlbarkeitsdogma in Glaubens- und Sittenfragen, sofern ex cathedra verlautbart. Nun aber hat eine Konferenz höchster muslimischer Theologen gefordert, die Beschneidung der Mädchen zu unterlassen, die eine unglaublich qualvolle Prozedur darstellt, indem die Exzision der Klitoris stattfindet. Diese Praxis sei mit dem Islam unvereinbar.[27] Es fällt schwer, der psychoanalytischen Deutung nicht zuzustimmen, daß die Schwäche und Abhängigkeit der Männer sich auch im Haß gegenüber der vermeintlich stärkeren erotischen Kraft der Frauen auf solche Weise Genugtuung verschafft; das Patriarchat sichert seine herrschaftliche Supervision. Es mag als hoffnungsvolles Zeichen gelten, daß entschiedene Einsprüche gegen menschenunwürdige Praktiken auch in religiöser Bindung möglich sind. Im Zusammenwirken von Islam und Christentum im Zuge der Moderne sind historische Brauchtümer auch bezüglich der *Familienehre* und Unbedenklichkeiten im Rahmen von Selbstjustiz abzuarbeiten, was sich freilich nur im mehrfachen Generationswechsel vorstellen läßt. Wir treten im 21. Jahrhundert hinsichtlich globaler Kultur in die weitestreichenden Transformationen ein, was zweifellos Phasen von Irritationen und Rückfällen einschließen mag.

Für uns Deutsche gereicht alles dies zum Therapeutikum spezifischer Art, um die *faschistogene Neurose* wie immer möglich weiterhin abzutragen. Dazu verhelfen auch die ökonomischen Verhältnisse als Impulsgeber; wirtschaftliche Anforderungen veranlassen Zusammenschlüsse, die von der Ästhetik des Zusammenwirkens durchaus entfernt und dem Gebot des Kapitalinteresses einzig geschuldet sind.

Im Zuge solcher Art spekulativen Denkens läßt sich für Deutschland noch eine weitere Anknüpfung erwägen. Die Vorsitzenden des Zentralrats der Juden machen sich um den weiteren Aufbau jüdischer Gemeinden verdient, indem sie dazu ermutigen, die kulturelle Kooperation weiter zu stärken. Es böte eine gute Aussicht, wenn jüdische Familien weiterhin nach Deutschland zurückkehrten, denn die deutsch-jüdische kulturelle Symbiose war in der Weimarer Republik aufgeblüht und hatte sich in einem bewundernswerten Begabungsreichtum dokumentiert, bis sie im Holocaust ihr Ende fand.[28] Mit dem Wiederaufbau von Synagogen, jüdischen Kulturzentren und Gedenkstätten sind bereits beachtliche Ansätze zur Revitalisierung erfolgt. Dazu gehören auch die Gesellschaften für christlich-jüdische Zusammenarbeit, die in den fünfziger Jahren begründet wurden und wichtige Diskussionen in Deutschland auslösten. Besonders die Arbeitsgemeinschaft Juden und Christen beim Deutschen Evangelischen Kirchentag konnte vielbeachtete pädagogische Thesen vortragen.[29]

Wenn nun auf deutschem Boden jüdische Repräsentanz sich merklich entfaltet und den Muslimen angemessener Status zuteil wird, so entstünde in Europa insgesamt eine Situation, die noch einmal zu beweisen hätte, daß die Vorgabe griechisch-römischer Kultur und jüdisch-christlicher Inspiration als Geistesimpulse in der Lage wären, auch die dritte Offenbarungsreligion einzufügen und damit erweiterte Gestaltungskräfte freizusetzen, Friedensfähigkeit in globalem Maßstab voranzubringen.[30] Das für alle Menschen Förderliche auszusprechen, es in je eigener Charakterprägung und Mundart vernehmlich zu machen, bleibt erwünscht. Die im Glauben verkapselte Vernunft muß sich als politische Kraft selbst erst autorisieren und ebenso umgekehrt. Sie stehen in der Sehnsucht Vieler, die eine von Comenius herleitbare Sensibilität praktischer Pädagogik einzuüben versuchen.

Nach den Durchgängen historischer Muster und der Frage nach ihrer Bezüglichkeit im Epochenwechsel läßt sich die deutsche pädagogische Spezialvokabel *Bildung* kurz ausleuchten, worauf bereits einmal im Kapitel II verwiesen wurde: England und Frankreich als europäische Nachbarn verfügen nicht über einen Bildungsbegriff wie wir. Offenbar fassen sie mit dem Wort *Erziehung*, was von der elementaren Aufzucht eines Kindes bis zur Anerkennung der moralischen Normen einer Gesellschaft ausreicht, die junge Erwachsene zu praktizieren haben, um die notwendige Anerkennung zu finden und durchs Leben zu kommen. Es soll nämlich jene soziale und politische Fühlsamkeit im Umgang erschlossen worden sein, die angesichts allenthalben drohender Mißverständnisse unerläßlich bleibt, vor allem aber den Widersprüchen in der gesellschaftlichen Verfassung ein Mindestmaß Ausgleichsbereitschaft gegenüberstellt. So ist es schon ein großer Erfolg, wenn die unvermeidlichen Konflikte möglichst sachlich geführt werden können, Fairness und Einsicht zu berufen sind.

Vielleicht haben Engländer und Franzosen auf unseren erweiterten pädagogischen Begriff *Bildung* verzichten können, weil sie über standhaftes Bürgertum mit regem politischen Austausch verfügten, ihre Freiheit im Kampf gegen die Feudalklasse hart erstritten, Revolutionen zustande brachten und deren Resultate sicherten. Dazu rechnen vor allem Schulen. Immanuel Kant hat über deren Charakter und Bedeutung in seiner *Kritik der reinen Vernunft* die klassische Formulierung geboten: „Die größte systematische, folglich auch die zweckmäßige Einheit ist die Schule und selbst die Grundlage der Möglichkeit des größten Gebrauchs der Menschenvernunft. Die Idee derselben ist also mit dem Wesen unserer Vernunft unzertrennlich verbunden. Eben dieselbe Idee ist also für uns gesetzgebend, und so ist es sehr natürlich, eine ihr korrespondierende gesetzgebende Vernunft (intellectus archetypus) anzunehmen, von der alle systematische Einheit der Natur, als dem Gegenstand unserer Vernunft, abzuleiten ist."[31]

Der deutschsprachige Bildungsbegriff hat seinen Ursprung in der Religion und ist kein anderer, als die böhmisch-mährischen Brüder ihn für sich verstanden. Es waren die sogenannten deutschen *Mystiker* des 14. Jahrhunderts, unter ihnen Meister Eckehart, Johann Tauler und Heinrich Seuse. Ihre Frömmigkeit äußerte sich darin, die Gestalt des Jesus von Nazareth sich zuzuordnen, seine Kraftströme in der eigenen Seele aufwachen zu lassen. Die spätgotischen Kirchen boten dafür objektive Anknüpfungspunkte, in denen der Kruzifixus auf die Andächtigen herabschaute, die im Aufblick zu seinen Leiden, wie es die damalige Kunst gestaltete, die Seelen einnahm. Man muß sich die emotionale Kargheit an äußerlichen Impressionen wie an materiellen Gütern in jenen Jahrhunderten vorzustellen versuchen, um eine Ahnung davon zu gewinnen, wie jene religiösen Kunstwerke auf die Gemüter schlichter Gläubiger wirkten, durch Priester und Mönche vertieft, um zu begreifen, daß der Urtypos von Erlösung und Verheißung sich darin anzeigte: durch Schmerzen zu Gott aufzusteigen. Es ging darum, den Mittler in sich zu fassen, ihn in sich einziehen zu lassen. Aus dieser An-schaulichkeit verdichtete sich das *Bild*, die erste Ausführung von *Bildung* geriet in Rahmenverhältnisse. Bild, Wort, geistliches Lied und Sakramentalien fügten sich zusammen. Meister Eckehart ver-kündigt variantenreich, sich Christus einzuholen, da Gott berufbar sei. Es heißt ferner: Der Mensch solle sich Christus *einbilden*, dann könne dessen vielfältige Gnade sich ausbreiten; das meinte damals *Bildung*.[32]

Diese elementare christliche Formgebung hat Jahrhunderte überdauert, bis eine weitere Stufe von *Bildung* aufkam; wir nennen sie die *Aufklärung*, die zwischen dem 16. und dem 18. Jahrhundert mit kühnen technischen und emanzipativen Ansprüchen den irdi-schen Standort des europäischen Menschen befestigte, er sogar Kritik an der Offenbarung vornahm und eigens sich selbst gegen-über offenbarte. Indessen wuchs später auch das klassische Bil-dungsideal, eine neue Interpretation antiker Vorgaben in Verbin-dung mit der Philosophie des deutschen Idealismus, an der sich die gegenwärtigen Denkformen noch messen lassen müssen, ob sie das Humanitätsideal, wie Johann Gottfried Herder es in seinen „Ideen zur Philosophie der Geschichte der Menschheit" aussprach, fortfüh-ren?[33]

Wenn von *Bildung* heute noch die Rede ist, so bleibt immer noch die Meßlatte des Klassischen im Hintergrund wirksam: Sprachen, Geschichte, Literatur und die platonische Ideenlehre des Guten schwingen darin mit. Die nahe liegenden möglichen Bildungsgehalte von Ökonomie, Technik und Naturwissenschaft können sich darin mühsamer sedimentieren, wogegen ein Überhang an erkenntniskritischen Diskursen sich abzeichnet, die in der Mehrzahl nicht bezeugen, daß im pädagogischen Nachdenken immer Leben auf dem Spiele steht. Darum kommt dergleichen Austausch über Praxis mit dem Aufruf zur schlichten Verbesserung der Umstände, wie sie Comenius vorschwebte, schwerlich überein.

Das Omnipotenzbegehren des Menschen schließt die Anspruchlichkeit auf immerwährendes Glück ein, Mangelerfahrungen bleiben abgewiesen. Die Bereitschaft, auch Schmerz oder Leid als von Gott zugedachte Prüfungen anzuerkennen, ist allenthalben nicht nur kärglich, sondern bewirkt emotionale Fluchtbewegungen. Hier zeigt sich eine interessante qualitative Übereinstimmung der comenianischen Unerbittlichkeit mit Hegels „Vorlesungen über die Philosophie der Geschichte", in der es heißt: „Glücklich ist derjenige, welcher sein Daseyn seinem besonderen Charakter, Wollen und Willkür angemessen hat und so in seinem Daseyn sich selbst genießt. Die Weltgeschichte ist nicht der Boden des Glücks. Die Perioden des Glücks sind leere Blätter in ihr; denn sie sind die Perioden der Zusammenstimmung, des fehlenden Gegensatzes."[34]

Diese Voten lassen sich als Lektionen fassen, wobei Hegel dem böhmischen Bischof geistlich nicht fern steht, denn beide sind gelernte Theologen; Hegel stammt aus dem schwäbischen Pietismus, hat am Tübinger Stift studiert, einer der großen deutschen Intelligenzschmieden. Er hat den Heiligen Geist in den Stufen des subjektiven Geistes bis zum absoluten Geist umgedacht und darin die Bewegungen des Weltgeistes erkannt. Religion und Philosophie stimmen überein, daß der Mensch gehalten ist, in den jeweiligen

Zeitbrüchen sich zum Bewußtsein seiner selbst zu verhelfen, um darin die nächstliegenden Hilfen nicht zu verfehlen.

Dabei wäre angesichts unausbleiblicher zwischenmenschlicher Mißverständnisse auf produktive Distanz zu sinnen, dem ständig andrängenden Lärm nicht zu erliegen, ungenutzte Formen von Stille für sich zu kultivieren und daraus Kräfte zu beziehen, an den politischen Entscheidungen der eigenen Lebenszeit mitzuwirken. Nach Hegel läßt sich das Hervortreten der Allgemeinheit als der absolute Wert der Bildung fassen.

Aus diesem Lehrgang ergab sich, welcher Zuwachs an Bewußtsein erforderlich ist, um sich unbekannten Anforderungen – also dem Leben gegenüber – durchzuhalten. Brauchbare Anleitungen dafür waren auch im Umgang mit Dichtung zu finden. Drei Bilder aus dem 20. Jahrhundert wurden entsprechend bemüht: Hinweise zum Aufbruch; Entzug des Eigentums; Verlust geliebter Menschen (s. S. 50ff). Niemand kann seine Veränderung voraussehen.

Die brüchige Weltordnung ist nur mit Notmaßnahmen kurzfristig zu halten. Das kann immerhin gelingen, sofern der Einzelne sich nicht nur mit eigenen kalkulierbaren Kräften ausgestattet weiß, sondern überzeugt bleibt, daß ihm erbetene Unterstützung zuwächst, die nicht eigenem Vermögen entstammt, sondern sich unverfügbaren Bereichen verdankt. Weitere Spekulationen in dieser Richtung verbieten sich. Hilfe für leidende Menschen und Maßnahmen zum Schutz der mißbrauchten Umwelt kann jeder selbst veranlassen. Scharfblick, Vernunft und realistische Phantasie ergänzen einander. Dafür hat Comenius im Rahmen seines pädagogischen Denkens Fährten für die Nachwelt angelegt; manche verborgenen Vorschläge müssen erst hergeleitet werden.

Anmerkungen

1. Die Bezeichnungen der sieben Teile lauten:
   1. Panegersia, Allerweckung oder Universaler Weckruf;
   2. Panaugia, Allerleuchtung oder Universale Aufklärung;
   3. Pansophia, Allweisheit oder Universale Ordnung der Dingwelt;
   4. Pampaedia, Allerziehung oder Universale Bildung;
   5. Panglottia, Allsprache oder Universale Sprachpflege;
   6. Panorthosia, Allreform oder Universale Verbesserung;
   7. Pannuthesia, Allermahnung oder Universaler Mahnruf
   vergl. Jan Amos Komenský: Allgemeine Beratung über die Verbesserung der menschlichen Dinge. Ausgewählt, eingeleitet und übersetzt von Franz Hofmann. Berlin 1970, S. 23
2. vgl. Schleichermacher, F.: Texte zur Pädagogik. Kommentierte Studienausgabe. Bd. 2. Hrsg. von Michael Winkler und Jens Brachmann. Frankfurt (Suhrkamp). S. 9
3. Comenius, J.A.: Pampaedia. Allerziehung. In deutscher Übersetzung. Hrsg. von Klaus Schaller. Sankt Augustin ³2001. Schriften zur Comeniusforschung. Bd. 20. S. 85
   Aus Raumersparnis werden die weiteren Zitate aus der Pampaedia (P) lediglich mit Seitenzahlen vermerkt.
4. vgl. Brecht, B.: Gesammelte Werke in acht Bänden. Stücke. Bd. 2. Frankfurt /Main 1967, S. 1340
5. vgl. Kant, I.: Idee zu einer allgemeinen Geschichte in weltbürgerlicher Absicht. Werke in sechs Bänden. Hrsg. von W. Weischedel. Bd. VI. Schriften zur Anthropologie, Geschichtsphilosophie, Politik und Pädagogik. Darmstadt 1975, S. 44
6. vgl. Rousseau, J.-J.: Emile oder Über die Erziehung. Hrsg. von Martin Rang. Stuttgart 1963, 5. Buch. S. 719ff.
7. von Hofmannsthal, H.: Der Tor und der Tod (1893). In: Die Gedichte und Kleinen Dramen. Leipzig 1916. S. 112-313
8. vgl. Rousseau, J.-J.: Staat und Gesellschaft. Contract Social. München o.J. S. 22ff.

9. Kant, I.: Idee zu einer allgemeinen Geschichte in weltbürgerlicher Absicht. a.a.O. S. 37

10. Deschner, K.: Kriminalgeschichte des Christentums. 8. Bde. Reinbek 1987

11. Herder, J.G.: Ideen zur Philosophie der Geschichte der Menschheit. In: Herders Werke in fünf Bänden. Bd. 4. Berlin/Weimar 1978. S. 64f.

12. Kant, I.: Anthropologie in pragmatischer Hinsicht. a.a.O. S. 399-690 vgl. dazu auch aus dem Umkreis von Kant: Fichte, Johann Gottlieb: Die Bestimmung des Menschen (1800). Hamburg 2000

13. vgl. Richter, H.-E.: Der Gotteskomplex. Die Geburt und die Krisen des Glaubens an die Allmacht des Menschen. München ²2001

14. Heydorn, H.-J.: Überleben durch Bildung. Umriß. Aussicht (1974) In: Heydorn, H.-J.: Werke. Bildungstheoretische und pädagogische Schriften Bd. 4 (1971-1974). Vaduz 1995, S. 283-304

15. Koch, F.: Sexuelle Denunziation. Die Sexualität in der politischen Auseinandersetzung. Hamburg 1995

16. Kant, I.: Kritik der praktischen Vernunft: Bd. IV. Schriften zur Ethik und Religionsphilosophie. S. 264

17. Horkheimer, M., Adorno, Th. W. und weitere Mitarbeiter der Kritischen Theorie haben sich eingehend mit der Problematik der Kulturindustrie auseinandergesetzt.

18. Kant, I.: Anthropologie in pragmatischer Hinsicht. Bd. VI. a.a.O. S. 608

19. zitiert nach von Ditfurth, H.: So laßt uns denn ein Apfelbäumchen pflanzen. Es ist soweit. Köln 1985, S. 38f.

20. Messner D., Scholz I. (Hrsg.): Zukunftsfragen der Entwicklungspolitik. Baden-Baden 2005, S. 21-23 vgl. dazu auch Klein, Ansgar: Entwicklungspolitische Bildungsarbeit vor aktueller Herausforderung. In: Keim, W., Steffens, G. (Hrsg.): Bildung und gesellschaftlicher Widerstand. Frankfurt (Main) 2006. S. 317-319

21. siehe z.B. Todd, E.: Weltmacht USA. Ein Nachruf. München/Zürich 14/2002. Französische Originalausgabe Paris 2002

22. Komensky, Jan Amos/Johann Amos Comenius. Labyrinth der Welt und Paradies des Herzens. Aus dem Tschechischen übersetzt von Irina Trend. Amsterdam 1663. Burgdorf (Schweiz) 1992

23. vgl. Gamm, H.-J.: Das Judentum. Frankfurt (Main) 1998. S. 147f

24. vgl. Dollinger, H.: Schwarzbuch der Weltgeschichte. 5000 Jahre der Mensch des Menschen Feind. Frechen o.J.

25. Heydorn, H.-J.: Erziehung (1970). In: Heydorn, H.-J.: a.a.O. Bd. 2 (1967-1970) Vaduz 1995. S. 291

26. vgl. Dazu Jean Pauls Sämtliche Werke. Historisch-kritische Ausgabe. Köln 1972. S. 247-252
27. vgl. Der Spiegel. 49/2006, S. 138f.
28. vgl. Gamm, H.-J.: Das Judentum. a.a.O. S. 170f
29. vgl. dazu Gamm, H.-J.: Was sagen wir unseren Kindern von den Juden? In: Deutscher Evangelischer Kirchentag. Köln 1965. Dokumente. Hrsg. im Auftrag des Präsidiums des Deutschen Evangelischen Kirchentags. Stuttgart 1965, S. 700 ff.
    vgl. dazu auch: Erlebter Kirchentag in Köln 1965: In der Freiheit bestehen. Hrsg. im Auftrag des Präsidiums des Deutschen Evangelischen Kirchentags von Carola Wolf u.a. Stuttgart 1965
30. Gamm, H.-J.: Was heißt Friedenserziehung in der spätbürgerlichen Gesellschaft? In: Schule und Nation. Die Zeitschrift für ein demokratisches Bildungswesen. Organ des Schwelmer Kreises. 18. Jg. 1/72. S. 2-5
31. Kant, I.: Kritik der reinen Vernunft. a.a.O. Bd. II, S. 599f.
32. Meister Eckehart. Deutsche Predigten und Traktate. Hrsg. und übersetzt von Josef Quint. München/Wien 1963, S. 81
33. Herder, J.G.: Ideen zur Philosophie der Geschichte der Menschheit. a.a.O. S. 184
34. Hegel, G.W.F.: Vorlesungen über die Philosophie der Geschichte. Bd. 1. Sämtliche Werke. Stuttgart 1971, S. 56

Bibliographie

I. Comeniana

Die Kenntnis des comenianischen Lebenswerks hängt wesentlich mit der Entwicklung der Buchdruckerkunst im 16. Jahrhundert zusammen. Durch die Erfindung von Gutenberg konnten Texte in fremden Sprachen zugänglich gemacht werden, so auch die von Comenius verfaßten lateinischen Abhandlungen. Sie erschienen ab 1656 in Amsterdam, damals die Welthandelsmetropole. Der übergreifende Titel aller dieser Schriften lautet: De rerum humanarum emendatione consultatio catholica. Ad genus humanum ante alios vero ad eruditos, religioses, potentes Europae. Allgemeine Beratung über die Verbesserung der menschlichen Angelegenheiten. An das Menschengeschlecht, vor allem aber an die Gelehrten, Theologen und Machthaber Europas). Philosophischer Traktat in sieben Teilen von Johannes Amos Comenius (Jan. A. Komenský, 1952-1670). Das Schriftenkonvolut wurde von dem tschechischen Wissenschaftler Dmytryj Cyzevs'kyj wiederentdeckt, darunter auch, wie bereits erwähnt, die „Pampaedia".

Als Auswahl moderner Titel zu den Comeniana seien folgende genannt:

Comenius, Johann Amos: Große Didaktik. In neuer Übersetzung hrsg. von Andreas Flitner. Düsseldorf 1954
Comenius, Johann Amos: Pampaedia. Lateinischer Text und deutsche Übersetzung. Herausgegeben von Dmitrij Tschižewskij in Gemeinschaft mit Heinrich Geissler und Klaus Schaller. Heidelberg 1960

Comenius, Johann Amos: Pampaedia. Allerziehung. In deutscher Übersetzung herausgegeben von Klaus Schaller. Sankt Augustin ³2001. (Nach dieser Übersetzung wird im folgenden zitiert)

Komenský, Jan Amos: Labyrinth der Welt und Paradies des Herzens. Aus dem Tschechischen übersetzt von Irina Trend. Burgdorf 1992

Dieterich, Veit-Jakobus: Johann Amos Comenius. Reinbek 1995

Korthaase, W. u.a. Hrsg.: Comenius und der Weltfriede. Comenius and World Peace. Deutsche Comenius-Gesellschaft e.V. Berlin. Berlin 2005

Hofmann, F.: Traditionen, Ergebnisse und Perspektiven der Komenský-Forschung in der DDR. In: Gesellschaft. Menschenbildung. Pädagogische Wissenschaft. 1971

Allgemeine Beratung über die Verbesserung der menschlichen Dinge. Eine Auswahl. Hrsg. von F. Hofmann. Berlin (DDR) 1970 (dt.)

Schaller, Klaus: Die Pampaedia des Johann Amos Comenius. Eine Einführung in sein pädagogisches Hauptwerk. Heidelberg ²1958

–: Johann Amos Comenius. Ein pädagogisches Portrait. Weinheim 2004

–: Die Pädagogik des J.A. Comenius und die Anfänge des pädagogischen Realismus im 17. Jahrhundert. Heidelberg 1962. ²1967. Pädagogische Forschungen. Veröffentlichungen des Comenius-Instituts. Bd. 21

–: Jan Amos Komenský – Wirkung eines Werkes nach drei Jahrhunderten. Heidelberg 1970. Päd. Forschungen. Veröffentlichungen des Comenius-Instituts. Bd. 46

–: Die Pädagogik der Mahnrufe des Elias". Das Lebenswerk des Comenius zwischen Pädagogik und Politik. Kastellaun 1978. Veröffentlichungen der Comenius-Forschungsstelle im Institut für Pädagogik der Ruhr-Universität Bochum. Bd. 9

–: Comenius. Erkennen – Glauben – Handeln. St. Augustin 1985. Veröffentlichungen der Comenius-Forschungsstelle im Institut für Pädagogik der Ruhr-Universität Bochum. Bd. 16

–: Die Didaktik des Johann Amos Comenius zwischen Unterrichtstechnologie und Pansophie. Comenius-Jahrbuch 1. 1993

–: Die „Trostschriften" des Johann Amos Comenius. In: Comenius-Jahrbuch der deutschen Comeniusgesellschaft 6. 1998

–: Omnino. Ein Beitrag zur positiven Rezeptionsgeschichte der Pädagogik des J.A. Comenius. In: Spielräume der Vernunft. Jörg Ruhloff zum 60. Geburtstag. Angeregt von W. Fischer. Hrsg. von K. Helmer u.a. Würzburg 2000

Arnhard, G., Reinert, G.-B. Hrsg.: Jan Amos Comenius über sich und die Erneuerung von Wissenschaft. Erziehung und christliche Lebensordnung. Bd. I. Donauwörth 1996

–: Die Pädagogik des Johann Amos Comenius und die Anfänge des pädagogischen Realismus im 17. Jahrhundert. Heidelberg ²1967

II. Pädagogica

Bei Überlegungen, welche Werke der nachcomenischen Epoche die Frage nach der Ganzheit der Erziehung in Hinsicht auf die Weltzuwendung aufrechterhalten, ließen sich folgende Titel nennen:

Arendt, H.: Vita activa oder Vom tätigen Leben. München/Zürich 1997

Blankertz, H.: Die Geschichte der Pädagogik. Von der Aufklärung bis zur Gegenwart, Wetzlar 1983

Bernfeld, S.: Sisyphos oder die Grenzen der Erziehung. Frankfurt am Main: Suhrkamp 1981 (1925)

Bernhard, A.: Erziehung und Bildung. Grundlagen emanzipativer Subjektwerdung. Beiträge zur kritischen Bildungstheorie und Pädagogik. Kiel 2001

Bernhard, A.: Antonio Gramscis Politische Pädagogik. Grundrisse eines praxisphilosophischen Erziehungs- und Bildungsmodells. Hamburg 2005

Blankertz, H.: Bildung im Zeitalter der großen Industrie. Hannover 1969

Bollnow, O.F.: Die Ehrfurcht. Frankfurt am Main ²1958

Borst, E.: Anerkennung des Anderen und das Problem des Unterschieds. Perspektiven einer kritischen Theorie der Bildung. Baltmannsweiler 2005

Erikson, E.E.: Identität und Lebenszyklus. Frankfurt am Main 1979

Freire, Paulo: Pädagogik der Unterdrückten. Stuttgart 1971

Fromm, E.: Haben oder Sein. Die seelischen Grundlagen einer neuen Gesellschaft. München 1999

Gamm, H.-J.: Allgemeine Pädagogik. Die Grundlagen von Erziehung und Bildung in der bürgerlichen Gesellschaft. Reinbek 1979

−: Materialistisches Denken und pädagogisches Handeln. Frankfurt am Main/New York. Campus 1983

−: Pädagogische Ethik. Versuche zur Analyse der erzieherischen Verhältnisse. Weinheim 1988

Glucksmann, A.: Hass. Die Rückkehr einer elementaren Gewalt. München 2000

Gröll, J.: Erziehung im gesellschaftlichen Reproduktionsprozeß. Vorüberlegungen zur Erziehungstheorie in praktischer Absicht. Frankfurt am Main. Suhrkamp 1975

Heydorn, H.-J.: Jan Amos Comenius. Grundriß eines Vermächtnisses. In: Werke Bd. 4. Vaduz. 1995

−: Die Hinterlassenschaft des Jan Amos Comenius als Auftrag an eine unbeendete Geschichte. ebd.

−: Überleben durch Bildung. ebd.

Jonas, Hans: Das Prinzip Verantwortung. Versuch einer Ethik für die technologische Zivilisation. Frankfurt 1989

Mitscherlich, A.: Auf dem Wege zur vaterlosen Gesellschaft. Ideen zur Sozialpsychologie. München 1971

Schmied-Kowarzik, W.: Kritische Theorie und revolutionäre Praxis. Konzepte und Perspektiven marxistischer Erziehungs- und Bildungstheorie. Bochum. Germinal 1988

–: Bildung, Emanzipation und Sittlichkeit. Philosophische und pädagogische Klärungsversuche. Weinheim 1993

Seiffert, J.E.: Pädagogik der Sensitivierung. Lampertheim 1975

Tausendfreund, D.: Bildung und Kulturentwicklung. Zur kulturtheoretischen Analyse gesellschaftlich organisierter Bildungsprozesse. Frankfurt/Main/Paris/New York 1987

Titze, Hartmut: Erziehung und Bildung in der historisch-materialistischen Position. In: Enzyklopädie Erziehungswissenschaft. Band 1: Theorien und Grundbegriffe der Erziehung und Bildung. Stuttgart 1983

Türcke, Chr.: Erregte Gesellschaft. Philosophie der Sensation. München 2002

Über den Verfasser

Hans-Jochen Gamm ist emeritierter Professor für Allgemeine Pädagogik an der Technischen Universität Darmstadt. Er übernahm 1967 das erstmalig eingerichtete Ordinariat für Allgemeine Pädagogik und wurde zum Gründungsdekan des Fachbereichs Erziehungswissenschaften, Psychologie und Sportwissenschaft gewählt, der im Rahmen des neuen Hochschulgesetzes aus der renommierten Fakultät für Kultur- und Staatswissenschaften hervorging.

Peter Lang · Internationaler Verlag der Wissenschaften

Wolfgang Keim / Gerd Steffens (Hrsg.)

Bildung und gesellschaftlicher Widerspruch

Hans-Jochen Gamm und die deutsche Pädagogik seit dem Zweiten Weltkrieg

Frankfurt am Main, Berlin, Bern, Bruxelles, New York, Oxford, Wien, 2006.
464 S., 2 Abb.
Studien zur Bildungsreform. Herausgegeben von Wolfgang Keim und Gerd Steffens. Bd. 48
ISBN 978-3-631-55455-5 · br. € 68.–*

Hans-Jochen Gamm hat wie kaum ein anderer die deutsche Pädagogik seit dem Zweiten Weltkrieg mit geprägt. Unter den deutschen Erziehungswissenschaftlern blieb er vor allem darin singulär, dass er sich rückhaltlos, unter Einschluss der eigenen Person, über ein halbes Jahrhundert lang der nazistischen Vergangenheit gestellt, sie in vielfältigen Facetten reflektiert, auf Ursachen und Konsequenzen hin bedacht, nicht zuletzt auf dieser Basis eine materialistische, den Widerspruch von Bildung und Herrschaft bearbeitende Allgemeine Pädagogik entwickelt hat. Dieser Band analysiert wesentliche Dimensionen und Kontexte seines Werkes unter verschiedenen Aspekten und bietet damit sowohl einen wichtigen Beitrag zur Erziehungsgeschichte nach 1945 in beiden deutschen Staaten als auch Grundlagen und Perspektiven für eine kritische Pädagogik unter den aktuellen Bedingungen von Neoliberalismus und Globalisierung.

Aus dem Inhalt: *P. Euler*: Das „Institut" als Infrastruktur Kritischer Pädagogik · *G. Koneffke*: Einige Bemerkungen zur Begründung materialistischer Pädagogik · *G. Gamm*: Standhalten. Motive einer kritischen Pädagogik · *W. Keim*: Faschismusbearbeitung als Grundlage Kritischer Pädagogik · *E. Weiß*: Faschismus-Analyse mit totalitarismustheoretischen Implikationen? · *S. Hübner-Funk*: Deutsche Generationen im Zeichen des Mars · *G. Steffens*: Kann die Erinnerung an den Holocaust zum Aufbau einer weltbürgerlichen Moral beitragen? · *D. Kirchhöfer*: Distanz und Nähe zu Marx in der DDR-Pädagogik · *C. Uhlig*: Aspekte pädagogischer Erberezeption in der DDR · u.v.m.

Frankfurt am Main · Berlin · Bern · Bruxelles · New York · Oxford · Wien
Auslieferung: Verlag Peter Lang AG
Moosstr. 1, CH-2542 Pieterlen
Telefax 00 41 (0) 32 / 376 17 27

*inklusive der in Deutschland gültigen Mehrwertsteuer
Preisänderungen vorbehalten

Homepage http://www.peterlang.de